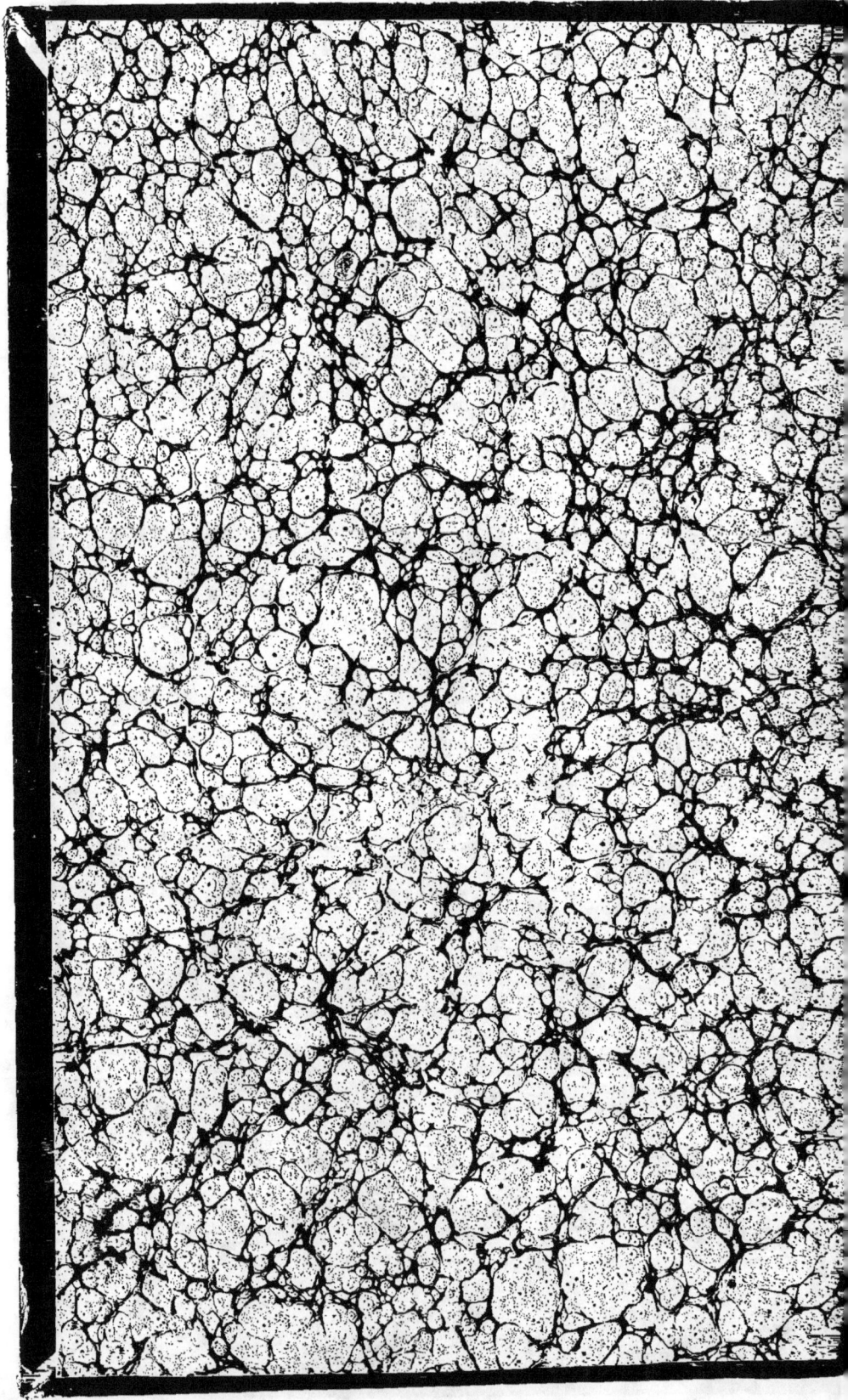

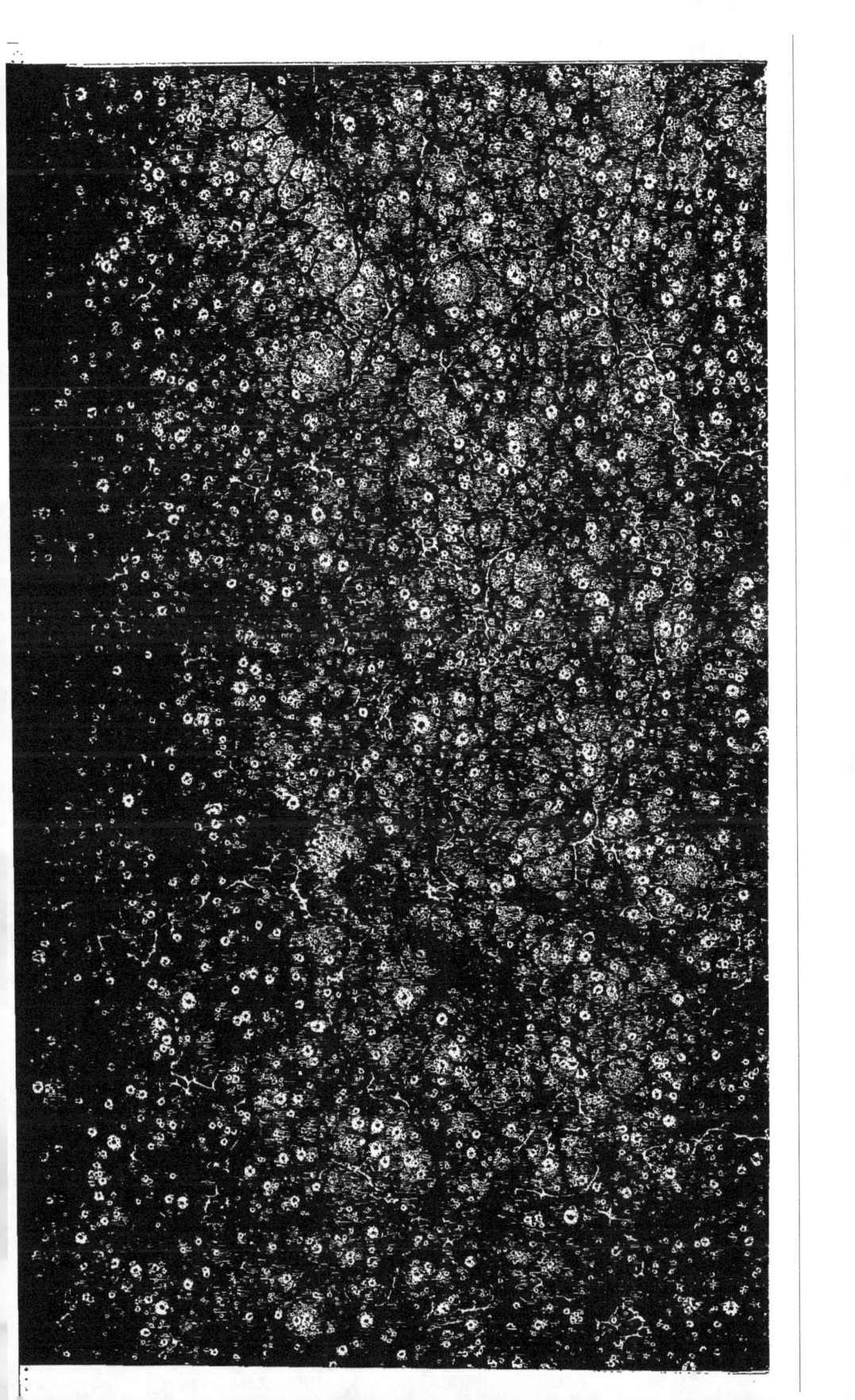

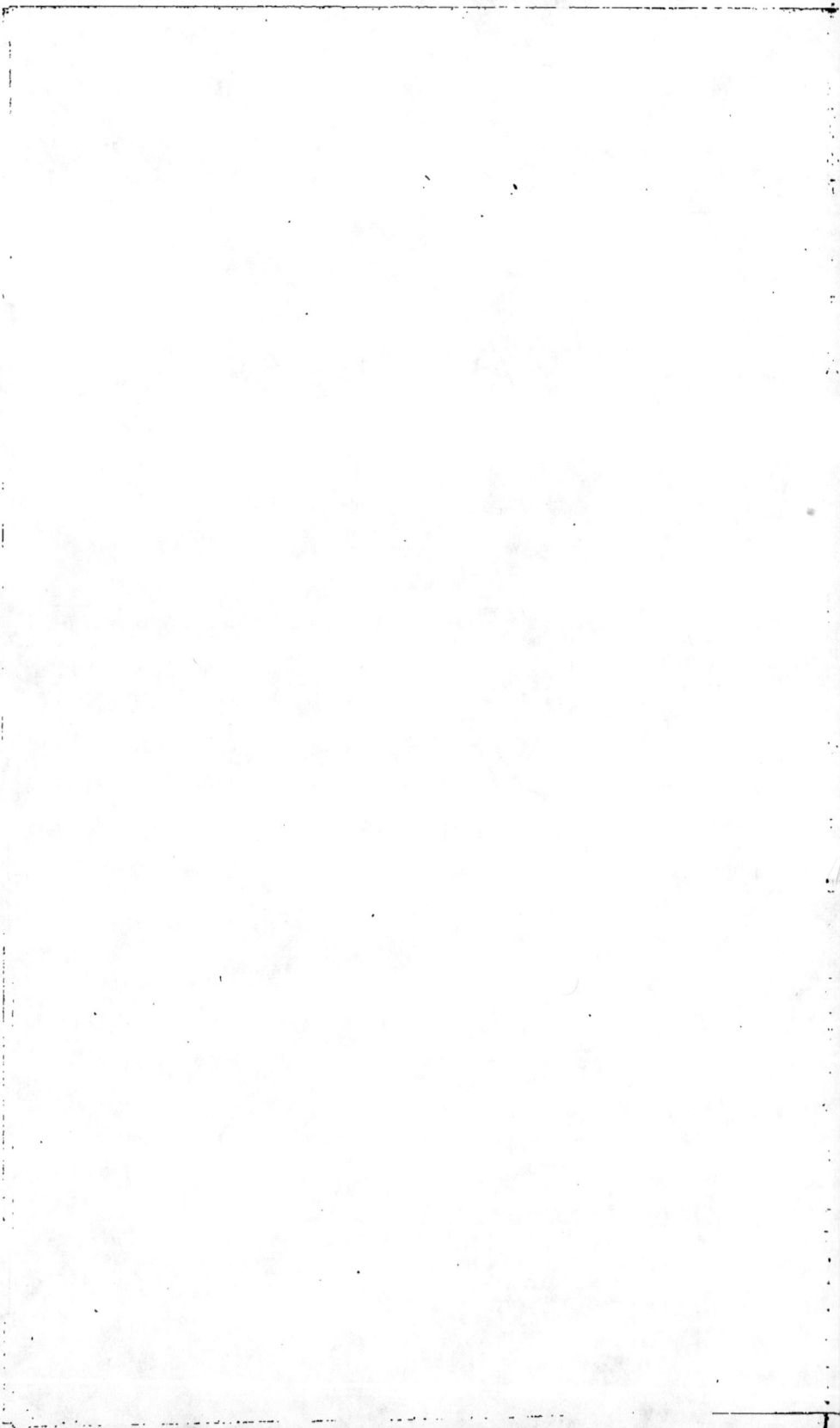

NOTICE

SUR

L'HÔPITAL DE LA CHARITÉ.

DE L'IMPRIMERIE DE CRAPELET,

RUE DE VAUGIRARD, N° 9.

NOTICE

SUR

L'HÔPITAL DE LA CHARITÉ

DE PARIS,

PRÉCÉDÉE DE QUELQUES OBSERVATIONS GÉNÉRALES
SUR LES INSTITUTIONS CHARITABLES,

PAR M. P. JOURDAN,

ADMINISTRATEUR HONORAIRE DES HÔPITAUX CIVILS DE PARIS.

> L'humanité envers les peuples est le premier
> devoir des grands ; et l'humanité renferme l'affa-
> bilité , la protection et les largesses.
>> MASSILLON , *Petit Carême.*
>
> Les pauvres y seront traités comme les maîtres
> de la maison.
>> *Anciens Statuts des Hôpitaux.*

Se vend au profit des Pauvres.

PRIX : 4 Francs.

A PARIS,

CHEZ MADAME HUZARD, LIBRAIRE,

RUE DE L'ÉPERON , N° 7.

1837.

CETTE Notice est le commencement d'un travail que nous nous proposons de publier sur
tous les établissemens charitables de Paris.
Quelques écrits de ce genre ont déjà paru;
nous tâcherons d'obtenir des écrivains à qui
on les doit l'autorisation de les comprendre
dans notre collection, qui formerait ainsi, pour
la capitale, une histoire complète des nombreuses institutions de bienfaisance qu'elle renferme. Si nous éprouvions quelques refus, ce
que nous ne supposons pas, nous y suppléerions
par notre propre travail.

Nous donnerons enfin un programme d'hôpital qui embrassera tous les services de ces
établissemens, et nous mettrons à profit ce qui
a été fait sur ce sujet, soit en France, soit dans
l'étranger.

Nous ne bornerons pas, du reste, nos récits
à une exposition pure et simple des détails
que l'histoire a conservés sur les monumens
élevés par la charité. En recherchant les motifs de leur création, en retraçant leurs vicissitudes, nous exposerons les vues d'amélioration qu'une étude, qu'une expérience de vingt

a

années nous suggéreront, pour le perfection-
nement non seulement des hôpitaux, mais de
toutes les branches des secours publics. Nous
ne donnerons pas ces vues pour bonnes, mais
pour nôtres; heureux si, parmi les idées que
nous aurons l'occasion d'émettre, il s'en trouve
quelques unes dont l'application puisse devenir utile !

C'est toute notre ambition.

PRÉFACE.

La charité existe dans le cœur de tous les hommes. En est-il qui voient souffrir leurs semblables sans être émus, sans être portés à les soulager? Que ce soit par un mouvement généreux ou par un retour sur soi-même, que nous importe? Heureux d'indiquer un fait qui honore l'humanité, nous ne voulons pas pénétrer plus avant et nous égarer dans des suppositions vaines.

Dans l'enfance des sociétés, la charité s'exerce d'individu à individu. Cette assistance est tout ce qu'il faut, et l'autorité publique n'a pas besoin de s'immiscer dans ses actes. Mais à mesure que les états s'agrandissent, les relations se multiplient, et elles perdent en intimité ce qu'elles gagnent en étendue. Dans de faibles peuplades il n'existe pour ainsi dire qu'une seule famille; dans les sociétés plus considérables et plus avancées les hommes se touchent sans se confondre; leur contact est superficiel, leurs intérêts sont distincts; on peut avoir là beaucoup de connaissances, mais à coup sûr on a peu d'amis. Chez les premières, d'ailleurs, les besoins sont si modérés, qu'il suffit de peu pour les satisfaire, et que chacun a dans sa force et la plus simple industrie tout ce qu'il faut pour y pourvoir. Chez les secondes, au contraire, les besoins sont infinis, le temps les accroît sans cesse, tous veulent jouir de ce que le sort départit seulement à quelques uns, et il naît de là une émulation, une concurrence, qui multiplie les difficultés et les rend insurmontables pour la masse des populations. D'un côté, pour le petit nombre, se trouvent là toutes les faveurs de la fortune; de l'autre, toutes ses rigueurs. L'autorité publique ne peut, dès lors, demeurer indifférente et inactive; elle est obligée d'intervenir; ses devoirs comme ses sympathies l'y déterminent, car la nécessité de l'ordre lui a seule donné naissance, et l'ordre pourrait-il exister et se maintenir si le pouvoir ne cherchait à établir une sorte d'équilibre en demandant à la richesse de quoi calmer la pauvreté?

L'assistance publique, on ne saurait le contester, est donc une obligation impérieuse, et nous avons pensé que, dans un ouvrage dont les hôpitaux sont l'objet, il serait intéressant d'examiner rapidement comment chaque peuple l'a comprise et pratiquée.

Les exemples du passé, qui sont de nos jours l'objet de tant de mépris, peuvent jeter quelques lumières sur les questions que nous aurons à traiter, et nous ne tomberons pas dans l'injustice et l'aveuglement, commodes, du reste, pour la paresse et l'ignorance, de rejeter tout ce qui a une date ancienne, de ne priser, de n'accueillir que ce qui est nouveau-né.

Un des premiers peuples du monde, les Égyptiens, pourvurent aux besoins de leurs pauvres par des travaux. Pour ôter tout prétexte à l'oisiveté, les intendans des provinces étaient chargés d'entretenir, dans chacun de leurs districts, des ouvrages publics, et ceux qui n'avaient point d'autre occupation étaient obligés d'y travailler. Ayant ouvert cette voie d'industrie pour la misère, les mendians et les paresseux n'étaient pas soufferts parmi eux, suivant Hérodote. Amasis, un de leurs grands rois, avait établi des magistrats devant lesquels tous les habitans du pays étaient obligés de rendre compte, de temps en temps, de la manière dont ils subsistaient. Chacun devait exercer une profession, et ceux qui étaient convaincus de paresse étaient condamnés comme des sujets nuisibles au bien de l'État.

Il semble que ce soit ce que l'on veut renouveler parmi nous; avec cette différence, toutefois, que la contrainte forçait au travail chez les Égyptiens, et que nous voulons atteindre au même résultat par la seule puissance des bons conseils et de la persuasion (1). C'est ainsi que l'Égypte, dit-on, fut sillonnée de nombreux canaux, de grandes voies de communication, éleva de beaux aqueducs et ces gigantesques pyramides qui figurent parmi les merveilles du monde. Nous doutons que de nos jours le travail volontaire produise de tels miracles, et c'est, aux yeux des hommes sensés, s'amuser à caresser des chimères que d'attendre la disparition de la misère des seules prédications qui la montrent comme n'ayant d'autre cause que l'oisiveté.

Au reste, nous approuvons fort, pour notre

---

(1) Le saint-simonisme, le fourierisme, que l'on désigne sous les titres vagues d'émancipation, d'organisation du travail, n'a pas, nous pensons, d'autre but que de détruire l'oisiveté, et avec elle la misère.

compte, le sage et bienfaisant réglement d'Amasis,
et nous serions charmé qu'on le pût introduire
parmi nous. Il porterait sans doute un grand coup
à l'indigence; mais nous ne voyons pas comment il
la pourrait totalement dissiper. Quelque affligeant
que ce soit, il est juste de reconnaître qu'un grand
nombre de pauvres ne le sont que par leur faute, et
qu'ils trouveraient dans leurs facultés des moyens
de vivre s'ils voulaient les employer : pour ceux-ci
la loi d'Amasis suffit. Mais l'inaction n'est pas la
seule cause de la pauvreté. La première enfance ne
peut se livrer au travail, et elle peut perdre au ber-
ceau ses protecteurs naturels; celui qui n'a pas de
famille est saisi par la maladie; tel autre naît faible,
infirme, difforme, insensé; la vieillesse enfin frappe
sur tous, et à quelle occupation se livrer quand on
est en proie à ses atteintes?

Il n'est pas possible qu'un peuple aussi sage que
le furent les Égyptiens, si nous en croyons l'histoire, ait négligé de s'occuper des malheureux que
nous venons d'énumérer, lui dont l'attention s'est
portée sur tout, lui qui a été presque en tout point
le flambeau du monde.

Il est plus raisonnable de croire qu'un tel sujet a
paru de peu d'importance à la dignité des histo-
riens, qui, généralement, regardent comme au-
dessous d'eux d'occuper la postérité d'autre chose
que de la gloire des combats ou des faits et gestes
des princes.

Chez les Hébreux, pendant long-temps, l'agriculture ne laissa pas de place à la pauvreté. Les
sueurs de l'homme fécondent la terre et en obtien-

nent toujours d'inépuisables trésors. L'indigence ne
fut connue des Israélites qu'après les persécutions
qui les accablèrent. Moïse alors y pourvut; il partagea les terres également entre les tribus et les familles; il défendit les mariages entre les membres
des différentes tribus; il défendit, surtout, de vendre
les terres à perpétuité, soumit toute aliénation à la
condition du rachat; et suivant, avec une rare persévérance, l'idée politique et morale de maintenir
l'égalité dans les conditions et dans les fortunes, il
établit l'année jubilaire et l'année sabbatique, l'une
qui libérait les débiteurs, l'autre les esclaves.

L'hospitalité fut aussi la vertu des Juifs. Les peuples guerriers, ceux que nourrissent leurs trou-
peaux, ceux qui vivent par l'agriculture, tous la
pratiquent, excepté les peuples commerçans. Les
livres saints montrent Abraham recherchant les
nécessiteux, courant au-devant des étrangers, et
tenant à gloire de les servir lui-même. Loth, Laban,
Job, Gédéon, Salomon, Tobie, reçoivent les voyageurs avec un saint empressement (1).

Malgré ces lois et ces usages, l'indigence ne put
être absolument prévenue en Israël; le législateur
vint à son secours. Il fit la part du pauvre, de la
veuve et de l'orphelin, en ordonnant aux propriétaires de ne pas cueillir jusqu'au dernier les fruits
de leurs champs, de leurs vignes, de leurs vergers.
Aussi ingénieux et délicat qu'humain et sensé, il

---

(1) Voir les livres saints. Voir, *Esquisse sur les Secours publics chez les peuples anciens*, par M. Batelle; articles insérés
dans le *Bulletin de la Société des Établissemens charitables*.

prescrivit, en faveur des malheureux, une charitable négligence. La dîme de chaque troisième année devint, d'un autre côté, le patrimoine des pauvres, ainsi que les fruits que pouvait produire tous
les sept ans la terre abandonnée sans culture. Moïse
ordonna, de plus, que les prêts faits aux pauvres
le fussent sans intérêts, et il couronna cette série
de mesures bienfaisantes en recommandant l'aumône comme l'œuvre la plus méritoire aux yeux
du Seigneur.

L'esprit qui animait les Égyptiens passa dans la
Grèce, formée en grande partie par les colonies de
ce peuple. Lycurgue ne voulait point de sujets inutiles; tous furent soumis au travail dans sa république; il régla les obligations de chacun conformé-
ment à son industrie et à ses forces. Que fit-il pour
les individus qui n'étaient propres à aucun travail,
et qui n'avaient pas de proches qui les pussent secourir? Nous n'en savons pas plus à ce sujet sur
Lacédémone que sur l'Égypte; et que penser sur ce
point lorsqu'il est constant que Lycurgue vouait à
la mort les enfans qui naissaient laids, difformes ou
faibles (1)? Malgré cette cruauté, dictée par une politique atroce, nous répugnons à supposer, dans le
silence de l'histoire, que les hommes que frappait
l'infirmité, ou qu'atteignait la vieillesse, fussent délaissés, et que la charité publique ne pourvût pas à
leur existence.

Cette idée, bien que très vague, semble confirmée
par ce qui se passait chez les Athéniens. Chez ces

_____

(1) PLUTARQUE, *Vie de Lycurgue.*

Français de l'antiquité, les pauvres invalides recevaient tous les jours, du trésor public, une obole
pour leur entretien. Une portion de la victime leur
était réservée dans les sacrifices ; et dans ceux que
les personnes riches offraient tous les mois à Hécate
se trouvaient des pains et des provisions qui avaient
la même destination. Mais ici, comme à Sparte,
rien n'était donné à ceux qui pouvaient assurer leur
subsistance par le travail. Ce principe paraît avoir
dominé dans toute la Grèce, car lorsque Ulysse se
présenta à Eurimaque sous le costume d'un men-
diant, ce prince, le voyant fort et robuste, lui offrit du travail et un salaire, « *Sinon, dit-il, je
t'abandonne à ta mauvaise fortune* (1). »

Les Romains, qui d'ailleurs ont généralement
emprunté des Grecs ce que ceux-ci devaient aux
Égyptiens, entrèrent dans la même voie. Ils impo-
sèrent aux censeurs, comme un de leurs premiers
devoirs, de se faire rendre compte par les citoyens
de l'emploi de leur temps. Ceux qui ne s'occupaient
pas utilement étaient condamnés aux mines, aux
travaux publics. Ces républicains austères croyaient
que c'était mal placer sa libéralité que de l'exercer
envers des mendians capables de gagner leur vie.
Leurs convictions étaient à cet égard si profondes,
que leurs lois portaient qu'il valait mieux laisser
périr de faim les vagabonds que de les entretenir
dans leur fainéantise. On sait en outre que, suivant
un usage barbare, les Romains exposaient quelque-

---

(1) *Odyssée,* chant 18.

fois les esclaves vieux ou infirmes dans une île du Tibre où la faim les faisait périr.

L'île de Crète, les villes d'Argos, de Mégare et de Corinthe, déjà célèbres à d'autres titres, auraient mérité leur illustration par leur généreux empressement à recevoir et à honorer les étrangers, par leur délicate et noble bienfaisance. Les habitans de la Sicile ont de tout temps été renommés par leur charité. La Suisse, l'Écosse, l'Irlande se sont toujours distinguées par la même vertu (1).

Parmi les cinq articles de foi chez les Turcs se trouve l'obligation de faire l'aumône, et ce précepte les oblige à donner aux pauvres la quatrième partie de leur revenu; malheureusement, il n'est pas mieux observé que les autres, et le désir de s'y soustraire est une des raisons qui, entre autres, engagent les Turcs opulens à cacher l'état de leur fortune. Leur morale consiste principalement aussi en œuvres de charité (2).

Les Perses accueillaient les voyageurs avec toute sorte d'égards, et un officier du palais n'avait d'autre mission que de les recevoir et de les traiter (3).

Les Éthiopiens rendirent les étrangers l'objet d'une espèce de culte, et la barbarie des Scythes

(1) *Esquisse sur les Secours publics chez les anciens,* déjà citée. — *Voyage en Sicile et à Malte,* par Brydone, 1775.

(2) *État actuel de l'Empire ottoman,* par Élias Abesci, 1792.

(3) *Esquisse sur les Secours publics chez les anciens,* déjà citée. On y trouve de curieux détails. Nous avons lu ce travail avec autant de plaisir que d'utilité.

s'adoucissait pour eux à tel point qu'ils les considéraient comme des dieux.

Les âpres Germains étaient remplis d'humanité et de douceur pour leurs hôtes; les Celtes et les Gaulois portaient la vertu si loin à cet égard, qu'ils tenaient, dit-on, les portes de leurs maisons ouvertes pendant la nuit, afin de recueillir les voyageurs égarés. Les Sarmates condamnaient au bûcher ceux d'entre eux qui refusaient l'entrée de leurs maisons aux étrangers. Les Thraces leur donnaient aussi place au foyer, après avoir toutefois éprouvé leur valeur par un duel (1).

«Les Indiens sont très charitables les uns envers les autres. Lorsque l'un d'eux a éprouvé quelque grande perte, on fait un festin après lequel un des convives, prenant la parole, fait connaître à l'assemblée que, la maison ayant pris feu, toutes ses propriétés ont été détruites. Lorsque ce discours est terminé, chacun des assistans se hâte d'offrir à celui qui a souffert un certain nombre de présens; la même assistance est accordée à celui qui a besoin de bâtir une cabane ou de fabriquer un cannot. Parmi eux, l'hospitalité est en grand honneur, et ils ne manquent point de l'exercer; ils reçoivent volontiers les étrangers, dit William Smith en parlant des Iroquois. Lorsqu'un étranger s'approche d'un village, le chef va au-devant de lui, et le prie de s'asseoir sur des nattes qu'on a soin de lui apporter; on fume, on discourt quelque temps; on entre ensuite dans

(1) *Esquisse sur les Secours publics chez les anciens,* déjà citée.

le village; là, on lave les pieds de l'étranger, et on lui donne un repas (1). »

Dans le vaste empire de la Chine, ni la prévoyance des lois, ni les mœurs douces des habitans ne peuvent prévenir la pauvreté. Attachant le bonheur des peuples à la permanence d'une situation donnée, considérant l'ambition comme la cause de tous leurs maux, les législateurs ont rendu les professions héréditaires dans les familles; ils ont proscrit l'oisiveté. Elle figure parmi les délits dans le code pénal du céleste empire, et on l'y punit par des peines sévères. La charité des particuliers va au-devant des besoins de ceux qui souffrent; mais c'est en vain : d'affreux ravages déciment souvent les populations. Elles succombent par milliers à la famine que produit fréquemment l'intempérie des saisons; des miracles de charité s'opèrent alors. Portant l'humanité jusqu'à la tendresse, aucun sacrifice ne coûte aux Chinois pour adoucir le sort des pauvres (2). Des greniers publics, formés dans les temps d'abondance, sont ouverts dans les momens de calamité; des vêtemens sont aussi distribués au peuple, et il existe des maisons où les malheureux vont prendre des repas gratuitement. L'on ne peut lire sans être attendri

---

(1) *Marie ou l'Esclavage*, par M. Gustave de Beaumont.

(2) Voir l'ouvrage intitulé : *Mémoires concernant l'histoire, les sciences, les arts, les mœurs, les usages des Chinois*, par les missionnaires de Pékin, 1782. On y rapporte des actes de charité qui n'ont certainement rien d'égal en aucun temps et en aucun pays, si l'on excepte les premiers temps du christianisme.

les ordonnances que publient les Empereurs dans ces cruelles circonstances : « Ils ne peuvent, disent ces généreux princes, *ni boire, ni manger, ni goûter aucun repos qu'ils n'aient soulagé la misère publique* (1). » La douce pitié est à leurs yeux le symbole de la vraie grandeur (2).

A la cour et dans les environs, il y a des provisions de riz pour dix ans. Le prix en est toujours le même à Pékin, et s'il éprouvait la plus légère augmentation, l'Empereur ferait aussitôt vendre le sien au prix ordinaire.

La charité des Chinois n'est attiédie par aucun calcul; ils accomplissent une bonne œuvre comme une action agréable, qui porte en soi sa récompense. *Assistez le pauvre,* dit un de leurs moralistes, *mais ne vous informez pas des causes de son indigence; vous découvririez, peut-être, qu'il y est tombé par quelques fautes qui diminueraient votre pitié* (3). Conseil touchant dans lequel sont résumés tous les devoirs de la charité.

On connaît l'hospitalité des Arabes; l'arrivée d'un étranger, parmi eux, leur semble une faveur du ciel; on l'accueille, on le fête, et on ne croit jamais avoir assez fait pour l'honorer; on n'épargne rien pour donner de l'éclat à sa réception et du charme à son séjour. Maintenant encore les Bédouins accordent une protection si grande à leurs hôtes, qu'ils

---

(1) *Lettres édifiantes.*

(2) SHAKSPEARE.

(3) *Caractères et Mœurs des Chinois,* traduit par le P. d'Entrecolles, et publié par Dubalde.

prennent fait et cause pour eux en toutes les occasions.

Nous venons de voir le principe de la charité vi-
vant dans le cœur de la plupart des peuples, son
observation prescrite par leurs religions, faisant
partie de leur morale, ayant pénétré dans leurs
usages; voyons à présent comment elle était pratiquée.

L'antiquité n'avait point d'hôpitaux; chaque famille veillait, ainsi que nous l'avons déjà dit, sur
ceux de ses parens et de ses alliés qui étaient dans le
besoin; c'était un devoir sacré. Nous ne savons de
leur charité, à l'égard des malheureux qui n'avaient
pas de famille, que ce que nous avons déjà rapporté.
Il devait y avoir, du reste, peu de personnes dans
cette situation; on quittait rarement sa patrie dans
ces temps reculés; les communications étaient difficiles, non seulement de peuple à peuple, mais encore de ville à ville. Les mœurs avaient un caractère prononcé, une couleur forte et tranchée dans
chaque pays, et le mélange des nations n'aurait pu
avoir lieu qu'à travers de grands obstacles. On était
donc sédentaire, et tout invitait à l'être. Quelques
hommes aventureux et téméraires allaient seuls ten-
ter la fortune au loin; et ceux-là, suivant l'usage
général que nous avons rappelé, étaient accueillis
par les plus riches habitans des pays qu'ils parcou-
raient. On sait que plusieurs peuples avaient l'habitude d'aller au-devant des étrangers, et qu'on se
disputait l'avantage de leur offrir l'hospitalité. Les
nobles d'Agrigente, par exemple, avaient des domestiques placés aux portes de la ville pour inviter à

venir chez eux tous les étrangers qui arrivaient. Empédocle faisait sans doute allusion à cet usage lorsqu'il s'écriait « que les portes d'Agrigente an-« nonçaient à chaque étranger qu'il était le bien « venu ! » Il paraît que cette antique vertu se conserve encore chez ce peuple que la civilisation n'a pas atteint (1). Qui, parmi nous, pourrait en faire autant aujourd'hui sans consommer promptement sa ruine, sans compromettre sa sureté ?

Les Turcs portent la pratique de la charité jusqu'à bâtir des maisons publiques pour la commodité des voyageurs, des ponts pour leur faciliter le passage des rivières, des aqueducs, des réservoirs pour fournir de l'eau au public. Ils établissent pareillement des écoles pour les enfans, des hôpitaux pour les malades et pour les pauvres. Les personnes qui veulent immortaliser leur nom bâtissent une mosquée à leurs dépens (2).

Constantinople renferme cent minarets ou hospices où l'on donne à manger aux pauvres, selon les intentions des fondateurs. Les Turcs vont aussi se promener sur les grands chemins avant midi, et vers le soir, pour découvrir les passagers et les inviter à venir loger chez eux (3).

Dans le commencement du quatorzième siècle, Orcan, leur deuxième empereur, qui se rendit célèbre par ses victoires, ne s'illustra pas moins par

---

(1) *Voyage en Sicile et à Malte*, par Brydone, 1775.
(2) *État actuel de l'Empire ottoman*, par Élias Abesci, 1792.
(3) *Ibid.*

les arts de la paix et par sa généreuse bienfaisance;
il fit bâtir un grand hôpital pour les malades (1).

Il existe dans toutes les villes un peu considérables de la province de Kian-si des hospices destinés à recevoir de pauvres vieillards. La capitale de
cette province possède en outre une maison où
sont recueillis les enfans abandonnés. Sans doute de
semblables institutions se trouvent dans les autres
parties de la Chine. Il paraît que les hospices de
vieillards sont entretenus par le trésor de l'Empereur. Celui des enfans trouvés, dont nous venons de
parler, l'est par les ressources des missionnaires, qui
en sont les fondateurs (2).

La constitution des sociétés, avant l'avénement
du christianisme, ne donnait point à la charité l'importance qu'elle a acquise depuis cette époque. Les
hommes libres étaient tous propriétaires, et les esclaves étaient entretenus par leurs maîtres; le monde
était alors, sous ce rapport, a peu près dans la situation actuelle de nos colonies, où la mendicité est inconnue; ajoutons que les hommes qui, dans ce temps,
tombaient dans la misère pouvaient se vendre à leurs
créanciers, et racheter ensuite la liberté par leur
pécule. Ces ventes n'étaient pas rares à Rome; les
Hébreux avaient quelque chose d'analogue, et, de
cette sorte, il n'y avait pas, comme de nos jours,

---

(1) *État actuel de l'Empire ottoman*, par Élias Abesci, 1792.

(2) Voir *Notice sur un Hospice de la Chine*, par M. l'abbé
Étienne, insérée dans le *Bulletin de la Société des Établissemens charitables.*

un grand nombre d'individus ne possédant rien,
n'étant possédés par personne, et qui, incapables
ou inoccupés, deviennent une charge pour les
autres.

Cet état de choses commence avec le christianisme;
il est le résultat de la liberté inconnue avant qu'il
parût, et dont on s'est armé depuis contre lui pour
le détruire. C'est ainsi que procède l'humanité; on
dirait qu'elle tient toujours en réserve une ingrati-
tude pour le bienfait qui l'attend. Les hôpitaux sont
encore un autre effet des préceptes sublimes de
l'Évangile. Les persécutions élevées contre les chrétiens firent changer le système politique des Romains à l'égard des pauvres et des mendians. L'empereur Constantin ne pouvait demeurer insensible
à l'état malheureux où se trouvaient réduits de nombreux défenseurs de la foi. Estropiés par les sup-
plices, exténués par les travaux pénibles auxquels
ils avaient été condamnés, traînant une vie lan-
guissante à la suite des maux qu'ils avaient soufferts dans des prisons affreuses; enfin, dénués de
tout, ils *sollicitaient en vain la bienfaisance de
leurs frères,* qui, dans la crainte d'être pris pour
des chrétiens, n'osaient les secourir. Touché d'une
situation si déplorable, Constantin publia des édits
pour l'entretien de tous les chrétiens que tant d'af-
flictions avaient frappés. Il fit bâtir des maisons pour
les recevoir, et c'est à cette circonstance qu'on attribue
généralement l'origine des hôpitaux (1). Ces établis-

---

(1) Voir, pour plus de détails, *Essai historique sur l'Hôtel-
Dieu,* par Rondonneau de La Motte.

semens furent imités partout à mesure que le christianisme s'étendit; chaque pasteur considéra comme un
pieux devoir de venir au secours de ses frères, et c'est
ce qui explique l'existence des hôpitaux dans le voisinage des temples; la demeure même des chefs de
l'église avait d'abord servi d'asile aux malheureux;
devenue insuffisante à mesure que le nombre des
pauvres augmentait, des constructions s'élevèrent
autour de l'habitation des évêques, et, d'accroissement en accroissement, on finit par former, pour
recevoir les pèlerins et les pauvres, de vastes établissemens.

C'est surtout dans les sixième, septième et huitième siècles que ces sortes d'institutions se multi-
plièrent prodigieusement en France, en Espagne et
en Italie; la générosité des princes, celle des particuliers, rivalisaient à l'envi, et une grande partie
des richesses de ces pays devint le patrimoine des
indigens.

Le désintéressement, l'abnégation, le dévoûment
des premiers chrétiens, offrent un spectacle bien
digne d'honorer l'humanité : c'était à qui se dépouil-
lerait pour secourir ses semblables; les biens du
monde semblaient un fardeau dangereux, et l'on
voyait de toutes parts ceux que les dons du ciel
avaient comblés, s'empresser de les résigner au
profit des malheureux. Noble et admirable émulation ! et combien elle dut surprendre les hommes !
Par quelle révolution puissante, en effet, ces trésors, que tous les vœux convoitaient, qu'appelaient
d'ardens désirs, qu'on se procurait par la fraude,
par la violence, qu'on acquérait même quelquefois

au prix du crime, par quel inexplicable changement d'idées, par quelle miraculeuse conversion sont-ils devenus un objet d'indifférence, d'embarras et de mépris? Rien de semblable ne s'était vu jusque-là, et les vertus humaines, que le stoïcisme semblait avoir porté si haut, n'avaient point paru capables de s'élever jusqu'à ce degré.

Cet élan d'un enthousiasme sublime se soutint pendant quelques siècles; mais il finit par dégénérer, et l'on vit les hommes mêmes préposés pour l'entretenir, ceux qu'on avait commis à la garde du trésor sacré, le détourner de son saint usage, l'employer à entretenir leurs vices, à fomenter ceux des autres, vouloir se l'approprier, et le pervertir enfin à ce point d'en faire un instrument de désordre et de démoralisation.

De grands changemens étaient dès lors nécessaires. Les papes, les rois, les conciles, tentèrent de les opérer; mais le mal reparaissait, à peine détruit, avec une intensité nouvelle, et on ne saurait se faire une idée, si l'histoire ne le constatait, de la corruption profonde où étaient tombées les institutions que la charité avait fondées. Livrées à de continuelles oscillations, passant de la réforme aux abus, et des abus à la régénération, elles s'étaient si fortement éloignées de leur pieuse et primitive destination qu'elles étaient devenues, au lieu de respectables asiles, des espèces de sentines où se donnaient rendez-vous, où se réfugiaient et se confondaient tous les vices (1).

_____

(1) Nous n'avons ici en vue que les hôpitaux et les hospices, et particulièrement l'Hôtel-Dieu et ce qui dépendait de l'admi-

Un tel état de choses était véritablement intolé-
rable; de nombreuses et fortes réclamations s'élevèrent vers le milieu du dernier siècle; ce roi plein
d'humanité, qui s'est perdu par ses vertus comme
tant d'autres par leurs vices, Louis XVI, les en-
tendit, et la cognée fut, par ses ordres, portée
dans l'arbre. Mais vivaces et résistans, des abus si
invétérés étaient difficiles à détruire, et ce ne fut
pas trop ici, pour les attaquer avec succès, que
des efforts réunis des écrits des philosophes, de la
voix de l'opinion, qui était déjà si puissante, enfin
de la bienfaisance sur le trône.

L'accord de ces influences parvint à amener quelque bien, mais ne produisit pas tout celui qu'on
en devait espérer. Quelques règles furent tracées;
mais impuissantes, en grande partie, on en retira
peu de fruits. Les ordonnances touchantes qui intervinrent ne furent, pour ainsi dire, que des exposé-
sés de principes. Elles ne furent pas exécutées, ou
le furent peu, et il était réservé à d'autres pouvoirs
de réaliser les tentatives que la monarchie chance-
lante ne pouvait mener à bien.

Elle succomba; la république prit sa place, et son
action violente, qui renversa l'ouvrage des siècles,
fit pour les établissemens de charité, comme pour
les autres institutions, elle les assit sur d'autres bases.

Elle commença par reconnaître que le soulage-

---

nistration dite de *l'hôpital général,* et qui embrassait les principaux établissemens charitables de Paris. Voir, à cet égard, les
Mémoires publiés de 1730 à 1795, et notamment ceux de Tenon
de Bailly; les œuvres de Chamousset, etc.

ment des pauvres était une obligation de l'État. Dès
ce moment, la religion et la charité furent séparées,
et leur divorce nuisit à l'une et à l'autre. En vertu
du nouveau principe, le Trésor devait pourvoir aux
frais de l'assistance publique. Rien de plus triste que
cette maxime : elle affaiblit la bienfaisance particulière, compromet l'existence des malheureux, et
tue sans retour la reconnaissance qui, suivant une
belle expression de Shakspeare, est *le seul trésor
du pauvre*. Par une conséquence nécessaire, mais
bien funeste, de cette manière de voir, la nation
s'empara des biens des pauvres, les mit en vente,
et en recueillit le produit.

Heureusement, l'empressement à ces encans ne
fut pas aussi grand qu'on aurait pu le redouter;
des scrupules qu'il faut honorer, sans toutefois blâ-
mer ceux qui ne les partageaient pas, empêchèrent
qu'on s'y portât. Seulement une partie du patrimoine de l'indigent put être vendue, et, revenant
sur ses pas, le pouvoir rendit aux pauvres les dé-
bris des biens qu'il leur avait enlevés.

Sans ce retour aux anciens principes, les institutions charitables étaient perdues, du moins momentanément, car la nation avait bien fait une
promesse, mais elle ne l'avait pas tenue. Les sub-
sides qu'elle devait donner en remplacement du patrimoine qu'elle avait saisi ne furent pas toujours
payés; pas un sou, pendant long-temps, n'entra de
ce côté dans la caisse des hospices : et si ces administrations n'avaient pas eu la ressource des propriétés invendues et restituées, les indigens auraient
péri sans secours dans leurs réduits.

Le temps, dont on méprise en général les conseils, qu'on ne consulte jamais assez, surtout lorsqu'il s'agit de détruire, ramena les esprits à des idées plus sensées; on comprit qu'il fallait aux hôpitaux une dotation particulière et indépendante; que leur avenir serait précaire, incertain, s'il reposait sur des ressources communes à d'autres besoins; que ceux de l'État pouvaient être, dans quelques momens, si impérieux et si pressans qu'ils pourraient faire négliger ceux des pauvres, les faire oublier même entièrement, comme il était arrivé depuis peu. Ces sages réflexions portèrent le Gouvernement à recomposer autant que possible le patrimoine des pauvres; et il fut décidé (1) que les biens confisqués sur les émigrés serviraient, jusqu'à concurrence, à compléter aux hospices une masse de propriétés égale à celle qu'avaient ces établissemens avant la révolution.

Les biens d'émigrés dont il fut possible de disposer ne suffirent point pour opérer la réparation qu'on voulait faire, et les hospices, en définitive, perdirent la plus grande partie de leurs revenus.

Alors une autre combinaison vit le jour; elle n'avait rien de bien nouveau, mais qu'y a-t-il de neuf dans le monde, excepté ce que son ancienneté a fait oublier? A différentes époques, pour accroître les ressources des hospices, les rois, qui dans tous les temps ont été les principaux bienfaiteurs, leur avaient accordé diverses attributions fiscales; c'est

_____

(1) 16 vendémiaire an v.

ainsi que des droits avaient été prélevés pour eux
à l'entrée des villes, sur quelques denrées de consommation. Saint-Louis créa le premier impôt de
cette nature en faveur de l'Hôtel-Dieu de Paris (1).
Son exemple fut imité par ses successeurs; plusieurs
d'entre eux ajoutèrent quelque chose à cette source
de revenu. On pensa qu'on pouvait soumettre à cette
redevance, que supportaient seulement quelques
objets fongibles, toutes les denrées de consommation que le sein des villes absorbait, et l'*octroi de
bienfaisance* fut établi (2). Le motif de sa création
fut uniquement le besoin des pauvres; il ne devait
profiter qu'à eux. Mais les produits en furent d'abord
si considérables qu'ils furent appliqués à l'ensemble
des besoins des communes, un peu même à ceux
de l'État, et que les pauvres n'en obtinrent qu'une
faible part. Il n'y avait là ni vérité, ni justice, ni
humanité. Il est vrai que ces trois vertus entrent ordinairement pour bien peu dans ce qu'on appelle les
affaires. Savait-on d'avance toute l'importance de cette
source fiscale, et la cause qu'on lui donna ne fut-elle
qu'un spécieux prétexte pour prévenir les réclamations et faciliter la perception (3)? Nous sommes
tenté de le croire, car c'est toujours par voie dé-

---

(1) *Essai historique sur l'Hôtel-Dieu de Paris,* par Rondonneau de La Motte.

(2) 5 ventose an VIII.

(3) L'octroi de Paris a rapporté jusqu'à 30 millions 585 mille
et quelques francs, et l'allocation la plus forte qui ait été faite
aux pauvres a été de 5 millions 364 mille francs. Un dixième
de cet impôt entre dans les caisses de l'État.

tournée qu'a jusqu'à nos jours procédé le génie du
fisc. Ici l'idée fut ingénieuse de couvrir cette charge
nouvelle du masque de la charité (1).

Que devinrent les établissemens de bienfaisance à
travers ces vicissitudes? On peut le penser; aucune
amélioration n'y fut introduite : c'était déjà beaucoup de les avoir soutenus.

Mais une ère nouvelle allait bientôt luire pour
eux. Quand l'administration publique fut réorganisée
par la main puissante qui devait dominer le monde
et se sécher oisive sur un rocher, on forma des commissions administratives (2) qui veillèrent sur le sort
des pauvres dans les grandes villes. On institua des
conseils supérieurs (1802) qui, de concert avec ces
commissions, dirigèrent la gestion de leurs intérêts.
Dès ce moment les secours publics reprirent leur
cours; quelques règles furent tracées pour l'assistance à domicile; le service des enfans trouvés reçut
de notables modifications; les hôpitaux changèrent
d'aspect; les bâtimens furent restaurés; le mobilier
fut complété et renouvelé; les maladies furent clas-
sées; des hôpitaux spéciaux s'ouvrirent aux maux
contagieux, qui, précédemment, étaient confondus
non seulement dans les mêmes établissemens, mais
dans les mêmes salles, dans les mêmes lits. Un hô-

---

(1) Cette méthode, du reste, n'est pas neuve ; nous savons
qu'elle remonte au moins à Solon, et l'on peut voir dans Plutarque l'artifice que mit ce législateur à décorer de noms hon-
nêtes ou agréables des choses qui l'étaient fort peu. Ainsi les
courtisanes étaient des amies, la prison était la maison, etc., etc.

(2) Lois des 16 vendémiaire an v et 16 messidor an vii.

pital fut exclusivement consacré à l'enfance; les
maladies mentales furent mieux placées, on put les
mieux observer et les traiter plus utilement; les
propriétés furent mises en valeur d'après des données
nouvelles, et l'on vit les hôpitaux entrer dans une
voie qui, fécondée par le temps, devait amener les
plus heureux résultats. Les progrès des sciences,
ceux de l'industrie, les ouvrages français ou étrangers furent mis à contribution; on chercha partout
des leçons; on s'empara de toutes les idées appli-
cables, et de ces efforts réunis sortirent d'importantes améliorations. Chaque jour en voyait éclore
quelques unes, quand la révolution de 1830 amena
aux affaires des hommes nouveaux. Que pouvaient
craindre les pauvres en voyant arriver au pouvoir
les élus du peuple? Aussi n'en ressentirent-ils aucun
dommage, et les améliorations commencées se con-
tinuèrent; mais obtint-on toutes celles que les esprits généreux s'étaient promises? Ici, nous devons
le dire avec franchise, on avait mieux auguré qu'il
n'arriva. On se souvint des anciens abus, et comme
le bien qu'on avait obtenu s'était opéré modestement
et sans bruit, on crut que les choses étaient encore
telles qu'en 1780. Quelques écrits, d'un autre côté,
avaient tout mis en question. Les hôpitaux étaient-ils
utiles? n'étaient-ils pas une provocation à l'imprévoyance, à la paresse? Les hospices pour les vieillards une prime offerte à la dissolution des liens de
famille? Les hospices d'enfans trouvés une excita-
tion continuelle au désordre et à la débauche, enfin
à l'oubli des devoirs les plus sacrés?

La publication de ces idées devait jeter de l'incer-

titude sur les directions à suivre, et c'est ce qui ne
manqua pas d'advenir. En présence des faits existans
et des opinions émises, le pouvoir flotta indécis;
sa marche s'en ressentit; il était séduit, d'un côté,
par des vues d'économie, sa popularité pouvant y
gagner; de l'autre, il était retenu par une consciencieuse prudence qui lui faisait craindre de porter ses
mains sur des institutions consacrées par l'assenti-
ment du monde et par la sanction du temps.

Dans cette fausse position, quelques réformes dans
le sens des idées nouvelles furent tentées; le service
des enfans trouvés en fut l'objet; cette préférence
avait une cause. Les frais d'entretien de ces malheureux sont principalement faits par l'État; ils coûtent
dix millions par an. Pour satisfaire au vœu des
Chambres, on cherche partout à opérer des réductions : c'est par les enfans trouvés qu'il faut com-
mencer. Leurs cris n'étaient pas à craindre. Les
autres institutions charitables étant à la charge des
communes, il y avait là moins d'urgence, en conséquence on les ajourna.

On proposa sérieusement de supprimer les hospices d'enfans trouvés, en citant l'exemple de l'Angleterre, où il n'en existe point. On proposa subsi-
diairement de faire disparaître au moins les tours, et
cette invention, qui complétait si parfaitement l'œuvre sublime de saint Vincent-de-Paul; cette œuvre
elle-même, que depuis deux cents ans tous les cœurs
généreux, tous les arts avaient célébrée; que par un
accord unique, sans doute, la religion, la philoso-
phie, l'athéisme même, avaient exaltée, fut accu-
sée d'inhumanité, de barbarie. On a vraiment peine

à le comprendre. Heureusement, ces téméraires propositions ne furent point accueillies; le pouvoir leur opposa une sage résistance; mais les obsessions dont on l'entoura ne demeurèrent pas tout-à-fait stériles; une autre mesure trouva près de lui plus de crédit, et fut adoptée. La restauration, du reste, en avait donné le fatal exemple, on le jugea bon à suivre, et la disposition dont il s'agit fut généralisée; on s'était aperçu qu'une sorte de fraude avait eu lieu pour faire admettre dans les hospices quelques enfans; on découvrit que les mères elles-mêmes, qui les avaient déposés, s'étaient présentées dans ces établissemens en qualité de nourrices, et qu'ainsi elles arrivaient à obtenir une pension de l'État pour nourrir leurs propres enfans : c'était un abus; que faire pour le détruire? Voici ce qu'on imagina : ce fut d'échanger les enfans entre les départemens, de les faire passer de celui où ils avaient été délaissés dans un autre assez éloigné, et de briser ainsi toute relation entre les enfans et leurs familles (1). On pensait

---

(1) Cette mesure n'a pas eu lieu pour les enfans de l'hospice de Paris, attendu que ces enfans sont envoyés à la campagne, dans un rayon de quatre-vingts lieues, quelques jours après leur dépôt. L'élévation de leur nombre a de tous temps rendu cette disposition nécessaire, et la rareté des nourrices a successivement fait éloigner les placemens, qui s'effectuaient dans l'origine dans un cercle moins étendu. Qu'on eût adopté une disposition semblable pour l'avenir dans toute la France, à la bonne heure ! mais déporter ainsi, par une sorte de rétroactivité, des enfans assez avancés en âge pour sentir tout leur malheur, c'est une véritable barbarie, et nous en accusons moins le pouvoir que les déplorables conseillers qui l'ont abusé.

amener par-là beaucoup de parens à réclamer leurs
enfans; on pensait aussi prévenir beaucoup d'aban-
dons. Sur ce dernier point, c'est à l'avenir à pro-
noncer; quant au premier, l'espoir qu'on avait
conçu ne fut pas trompé : la population des enfans
trouvés à la charge des hospices diminua, et le *Mo-
niteur* nous entretint chaque jour des réductions de
dépenses que cette combinaison avait amenées. L'administration supérieure aurait dû juger les choses
de plus haut; mais une seule pensée semble, en général, la préoccuper lorsqu'il s'agit des enfans trouvés. Elle ne voit ce service que dans ses dépenses,
et non dans le bien qu'il fait. La question financière
n'est point à dédaigner, sans doute, mais elle est ici
secondaire, et nous n'examinerons pas la mesure de
ce misérable point de vue. Il en est d'autres plus
importans qui auraient dû dominer dans une semblable discussion. Malheureux enfans! abandonnés
par vos mères, privés du plus doux appui, jetés dans
des bras mercenaires, réduits à n'avoir pas de famille; frappés de telles calamités, qu'avez-vous à
craindre de la destinée? n'a-t-elle pas épuisé pour
vous sa coupe fatale? Non, vos maux vont encore
s'accroître, et lorsque quelques liens d'affection se
seront formés entre vous et vos parens d'adoption,
au nom d'une parcimonie cruelle, on viendra vous
en séparer; vous serez déportés de nouveau chez
des êtres indifférens, au risque de détruire votre
bonheur présent, de briser votre avenir, de compromettre votre vie (1)! Victimes du désordre ou

(1) Nous sommes persuadé que cette mesure a été exécutée

de la pauvreté de vos parens, vous devez le devenir aussi de leur ingénieuse tendresse, et les choses sont ainsi arrangées pour vous que ce qui semblait devoir adoucir votre sort le vient encore aggraver! Qu'avez-vous fait pour attirer sur vous tant de rigueurs? vos mères, il est vrai, vous ont délaissés : puis elles ont trompé pour vous recouvrer!.... c'est bien coupable.... Mais vous qu'on punit, quel est votre crime?

Cependant l'idée de supprimer les tours ne fut point abandonnée par ses auteurs, et depuis 1834 on a commencé à en réduire le nombre. Le temps nous apprendra l'effet de cette dernière disposition, et Dieu veuille qu'il ne soit pas funeste!

Philanthropes économistes qui préconisez de telles mesures, les avez-vous suffisamment méditées? en avez-vous pesé les conséquences, et en acceptez-vous la responsabilité? Il n'est pas possible que l'humanité ne soit rien pour vous! Et bien que la plus sublime charité soit l'objet de vos attaques, bien que saint Vincent-de-Paul soit, suivant vous, un homme nuisible, nous ne voulons pas accuser vos intentions! mais que dire de vos doctrines, et qu'y a-t-il de commun entre la sainteté qui se dévoue à ses semblables et les principes qui vous les ont inspirées? N'y a-t-il donc à vos yeux de sacré que l'économie, et le culte du veau d'or est-il le seul que vous pro-

---

avec tous les ménagemens possibles, et que la sollicitude de MM. les préfets a eu recours à toutes les précautions qui pouvaient en atténuer la rigueur; mais cela ne change rien à la dureté du principe et à ses principales conséquences.

fessiez? Prêchez l'économie, la réforme; les enfans
trouvés ont trop; réduisez leurs allocations : les enfans trouvés périront! Mais peut-être on dégrevera
de quelques centimes l'impôt qui pèse sur l'opu-
lence; peut-être encore, les économies obtenues
concourront-elles à subventionner l'Opéra, lieu,
comme on sait, si utile aux mœurs que l'on prétend
régénérer.

Mais si vos cœurs sont fermés à toute compassion,
si les sentimens d'humanité n'entrent pour rien dans
vos impitoyables rêveries, ils vivent encore dans le
sein des classes pauvres. Beaucoup de nourrices ont
préféré garder les enfans sans pension plutôt que de
les livrer à d'autres, et l'on s'en est félicité! Y avait-il
lieu véritablement de se réjouir d'avoir abusé de la
tendresse de pauvres et braves gens auxquels on im-
pose ainsi une charge qu'il nous appartient à tous
de porter?

Nous ne pouvons résister ici au désir de repro-
duire un fait touchant qui s'est passé sous les yeux
d'un administrateur éclairé, d'un homme aussi esti-
mable par son savoir que respectable par ses vertus.
Comme nous, il déplore la déportation des enfans.
Voici son récit : « Si vous aviez, dit-il, été comme
« nous témoins des déchirantes séparations dont le
« bureau des enfans est si souvent le théâtre, vous
« comprendriez le sentiment qui m'inspire. Je vois
« encore le jeune et frais visage d'une fille de
« quinze ans presser la joue décolorée et plissée d'un
« vieillard qui la serrait dans ses bras; tous deux
« pleuraient amèrement. Près de là un homme in-
« différent était assis, et paraissait attendre patiem-

« ment la fin de quelques formalités. Dès que mes
« fonctions d'administrateur furent connues du vieil-
« lard, il se leva, vint à moi, et me dit d'une voix
« suppliante : *C'est mon enfant qu'on veut m'ôter ;*
« *cette petite, elle est à moi ; c'est ma femme qui*
« *l'a nourrie de son lait, qui me l'a recommandée*
« *en mourant ; c'est moi qui l'ai élevée ; je l'ai en-*
« *voyée à l'école ; jamais elle n'a travaillé la terre ;*
« *elle sait lire, écrire et compter, et elle est bien*
« *bonne fille. Je n'ai point d'autre enfant ; elle aura*
« *tout mon bien. Tel que vous me voyez, je suis*
« *riche, moi ; j'ai une maison, j'ai des terres, et*
« *tous mes biens valent* 12,000 *francs. Si vous vou-*
« *lez, menez-moi chez un notaire, je lui donnerai*
« *de suite tout ce que je possède. Cet homme que*
« *vous voyez là n'est pas son père ; mais c'est moi*
« *qui suis son père, c'est mon enfant, je ne veux*
« *pas mourir loin d'elle ; ne me l'ôtez pas ! ! !* Et en
« parlant ainsi il sanglotait, et des larmes abon-
« dantes coulaient dans les sillons de son visage. Je
« ne sais si ce simple récit vous fait partager l'émo-
« tion qui s'empara de moi, mais ce que je puis
« dire, c'est que je me retirai profondément affligé
« de ne pouvoir calmer une si vive douleur. Peu de
« jours après je fus consolé ; le père naturel, celui
« qui avait, quinze ans auparavant, exposé son en-
« fant, la rendit au vieillard ; pour quelques pièces
« d'or, il reconnut d'autres droits bien autrement
« sacrés que les siens ; et la jeune fille retrouva son
« vieux père et les champs qui l'avaient nourrie (1). »

(1) *Extrait du Discours de réception à l'académie de Lyon,*

PRÉFACE.

Ces injustes et durs moyens ne sont ni de notre pays ni de notre siècle. Ils nous ramènent aux temps barbares, et ils n'eussent point été accueillis si le pouvoir, trop absorbé par la politique, n'eût pas délégué une partie de ses devoirs à des intelligences sans élévation et sans portée, et dont le concours adulateur, dévoué à tout, et à tout funeste, nuit plus à l'autorité que ses plus grands ennemis. C'est bien ici l'occasion de dire : *Ah! si le Roi savait!*

Mais revenons; ce n'est point ainsi qu'on fera cesser le délaissement des enfans; on ne réussira par-là qu'à en rejeter quelques uns dans une misère plus grande, et voilà tout. On n'attaque point ainsi la source du mal, et c'est là qu'il faudrait frapper.

Attribuer à l'existence des hospices et des tours une trop grande influence sur les délaissemens, c'est mal connaître la nature, c'est mal juger l'humanité. Elle s'abandonne à ses penchans sans tant de réflexion et de prévoyance, et parce que vous, dans votre cabinet, refroidi par l'âge, vous liez dans vos méditations le désordre des mœurs et l'hospice comme inséparables, vous supposez la même pensée à la mère de famille dont la misère vous confiera les enfans, ou à la jeune fille qui viendra déposer à l'hospice le fruit de ses fautes : ni l'une ni l'autre n'ont songé qu'elles auraient besoin de vos secours. La dépravation, quoique grande, n'est point encore

---

par M. le docteur Terme, président de l'administration des hôpitaux civils, membre du conseil général du département du Rhône, du conseil municipal de la ville de Lyon, et de plusieurs sociétés savantes et littéraires.

arrivée au degré que vous supposez. On ne fait point
le vil calcul que vous prêtez aux classes pauvres, et
nous affirmons qu'il est peu de femmes, s'il en est,
qui se soient exposées à devenir mères par cette raison qu'un asile était ouvert à leurs rejetons. Que
votre hospice existe ou non, les lois de la nature,
plus puissantes que vos prescriptions, auront leur
cours; seulement, lorsque vous fermerez l'hospice,
ou que vous en embarrasserez l'accès, n'exposerez-
vous pas bien des femmes à d'effroyables inspirations? N'avez-vous aucune crainte de pousser les
mères au désespoir, d'acculer la faiblesse au crime?

La principale cause de la barbare coutume que
nous déplorons réside dans la misère; l'amour de
l'indépendance s'y associe, le libertinage peu, la
honte moins encore. La plupart des enfans abandonnés appartiennent à des personnes qui sont
hors d'état de les nourrir; le dépôt à l'hospice est
pour elles une affreuse nécessité. Sait-on d'ailleurs
de quelles classes sont issus ces enfans infortunés?
s'en est-on enquis? C'était la première recherche à
faire. On n'y a certainement pas songé. Qu'aurait-on
recueilli d'ailleurs? des faits; et que sont les faits
pour les utopistes? Eh bien, si l'on eût consulté les
registres de l'hospice des enfans trouvés, voici ce
qu'ils auraient révélé :

Les enfans qu'on y reçoit appartiennent presque
tous, légitimes ou naturels, à des cuisinières, à des
femmes de chambre, à des couturières, à des blan-
chisseuses, à cette population désignée sous le nom
vague d'ouvrières. Ces indications ne sont-elles pas
un trait de lumière? Calculez ce que gagnent les in-

dividus voués à ces professions (1); calculez, le plus strictement que vous pourrez, ce que coûte l'entretien d'un enfant (2), et vous verrez que les ressources des mères n'y peuvent suffire.

Mais ce n'est pas tout. Nous tous, qui déplorons avec tant d'amertume le vice du délaissement des enfans, et principalement les dépenses de l'hospice, ne concourons-nous pas à entretenir les désordres qui les occasionnent? ne mettons-nous pas, par exemple, des entraves au mariage de nos domestiques? Qui ne craint, généralement, d'avoir à nourrir toute une famille au lieu du seul serviteur dont il a besoin? Qui garde d'ordinaire une domestique, une ouvrière enceinte? Que le mariage ait ou non légitimé son état, dans tous les cas, elle est repoussée dès qu'il est connu; et que voulez-vous qu'elle devienne, elle et son fardeau? Plus tard, même, qui consentirait à la recevoir si l'hospice n'avait reçu, ne conservait son enfant, et ne gardait inviolablement le secret de ce dépôt (3)?

_____

(1) Le terme moyen des salaires des domestiques femmes ne s'élève pas au-dessus de 250 francs par an; une couturière, une ouvrière, gagne au plus 1 franc 50 centimes par jour.

(2) Il est difficile, pour ne pas dire impossible, de placer un enfant en nourrice à moins de 13 francs par mois; ajoutez à cette somme les frais d'entretien et quelques autres menues dépenses, et vous arriverez bien près de 200 francs.

(3) Il y a dans Paris 53 à 54,000 domestiques, 14 à 15,000 hommes et 38 à 39 mille femmes. On peut compter approximativement 40,000 ouvrières; ce qui forme un total de 79,000 femmes que leur jeunesse, leur inexpérience, leur isolement, leurs besoins, tout expose à la séduction et au désordre.

Nous devons ces indications, ainsi que la plupart des détails

L'abandon des enfans tient donc principalement
aux faibles salaires de certains états, aux contradic-
tions qui se trouvent dans nos mœurs, et il est té-
méraire et cruel, nous le répétons, de le comprimer
dans ses effets quand on en entretient les causes.
Qu'on recherche la vérité avec conscience, et elle
viendra confirmer nos assertions.

Le moyen, non de détruire, mais d'atténuer l'abandon des enfans, c'est de rétablir les mœurs en exci-
tant au mariage, en favorisant, en honorant ce lien
sacré, en flétrissant les unions illégitimes; c'est de
ranimer les sentimens de la nature qui rarement
sont éteints, mais qui sommeillent chez une grande
partie des classes ouvrières; c'est de faire voir la
honte qui s'attache et doit s'attacher aux personnes
qui se placent au-dessous des animaux en refusant à
leurs enfans l'attachement dont ceux-ci sont animés
pour leurs petits. C'est surtout d'élever le prix du
travail dans diverses professions, de sorte que ceux
qui s'y livrent puissent nourrir leur famille avec leur
salaire. On cherche en vain à le dissimuler; là est
véritablement le mal, et il faut avoir le courage de
le reconnaître et de le sonder pour y pouvoir chercher un remède. C'est de faire connaître, de propager
cette vérité que les hospices, admirables créations

---

statistiques de notre travail, à l'obligeance de M. Villot, chef de
bureau à l'Hôtel-de-Ville. Connu seulement de quelques savans,
cet habile statisticien mérite de l'être de tous ceux qui atta-
chent du prix aux immenses et précieuses recherches que publie l'administration municipale, et qui sont le fruit de ses
soins aussi éclairés qu'assidus.

pour les enfans que la misère absolue des familles y
envoie; pour les enfans que plus rarement y conduit
la nécessité d'ensevelir dans le secret une faute passagère; que les hospices, précieux dans ces positions
cruelles, sont de déplorables asiles pour les enfans
que ces circonstances impérieuses n'y jettent pas.

Le peuple ne sait pas ce que c'est que l'hospice;
il voit une maison bien tenue, où tout abonde, dirigée par des hommes remplis de sollicitude; des
enfans placés à la campagne chez de bonnes nourrices, transportés avec toutes sortes de soins et de
précautions; bien vêtus, bien soignés en maladie,
surveillés activement en tout temps; auraient-ils
tout cela chez eux? ou du moins auraient-ils mieux?
On répond négativement à cette question, et les enfans arrivent au tour, et les mères ont appris à étouffer les plus irrésistibles comme les plus doux sentimens; elles ont oublié leurs devoirs, acquis un
degré de plus de corruption, et offert un funeste
exemple à tous ceux qui ont connu leur action;
et l'état est grevé d'énormes dépenses bien regret-
tables, mais moins encore que l'immoralité qui les
lui a imposées.

Nous n'hésitons pas à croire qu'il suffirait, pour
désapprendre à beaucoup de gens le chemin de l'hospice, de faire voir courageusement ce qu'il est; de
montrer les nombreux dangers auxquels les enfans
qu'on y dépose sont exposés; les épidémies que les
grandes réunions d'enfans occasionnent dans ces établissemens; l'affreuse mortalité qui y règne, jusqu'à
ce qu'ils soient envoyés à la campagne; celle qui est
plus grande encore lorsqu'ils sont chez les nourrices;

le peu d'aisance de celles-ci, qui les soumet elles-
mêmes, ainsi que les enfans, aux plus dures privations; il suffirait, dis-je, de répandre cette idée que
le bien-être matériel dont la sollicitude publique
s'attache trop souvent en vain à entourer les enfans
trouvés, n'est rien, lors même qu'elle réussit, auprès de la tendresse des familles dont ces enfans sont
déshérités, et que rien ne peut remplacer pour eux.
Bien éclairé à ce sujet, le peuple s'éloignerait des
hospices, et ces établissemens ne renfermeraient ainsi
que les malheureux que le dénument y conduirait,
ou les enfans moins nombreux encore que le vice ou
la honte y viendraient déposer. On n'y verrait plus
quelques enfans dont on se débarrasse sans une pres-
sante nécessité, mais seulement pour ne pas trop
diminuer son aisance, pour ne pas augmenter une
gêne supportable, pour conserver la liberté de re-
tomber dans de nouveaux écarts.

Les hospices seraient ainsi rendus à leur véritable
destination, dont ils s'éloigneront de plus en plus
tant qu'on n'attaquera pas le mal dans son origine,
et qu'on se bornera à le combattre comme on le
fait aujourd'hui seulement dans ses conséquences;
éclairez les hommes, qu'ils voient ce que sont les
choses, et ils n'en feront que l'usage auquel on les
a destinées.

De bonnes publications dans les journaux, quelques livres populaires, mis à la portée des classes les
moins instruites; les exhortations des curés dans
les campagnes, les conseils des notables, de toutes
les personnes influentes qu'il faudrait gagner à la

sainte cause de la morale et de l'humanité, produi-
raient un infaillible résultat.

Depuis quelque temps, déjà, la charité était entrée
dans plusieurs fâcheuses voies; on l'y pousse aujour-
d'hui plus vivement, au lieu d'en changer le caractère, à tel point que le retour, quand on en com-
prendra la nécessité, deviendra bien difficile, sinon
impossible. Nous marchons à cet égard, comme
presque en toutes choses, sur les traces de l'Angleterre : à voir notre manie d'imitation, on croirait
que nous ne pouvons vivre que d'emprunt, que
nous sommes incapables d'avoir quelque chose en
propre. Si le pays doit y gagner, à la bonne heure!
Mais qu'on nous permette quelques doutes. Les
peuples, comme les individus, ont une manière
d'être qui leur est particulière, et à laquelle ne
s'adaptent qu'avec inconvenance et gaucherie les habitudes des autres. En prenant, ainsi que nous le
faisons, sans choix ni discernement, tout ce que
nous voyons à l'étranger, nous ressemblons à ces
personnes qui s'habillent chez des fripiers, et qui
n'ont rien qui soit à leur taille. Nous pourrions citer de nombreux exemples; cela nous éloignerait
de notre sujet, et chacun d'ailleurs les trouvera sans
indication.

En ce qui touche à la charité, si nous n'avons pas
encore, comme nos voisins, ouvert pour les pauvres
un grand livre de pensions, du moins les avons-
nous enrégimentés, et avons-nous dressé des rôles
où chaque jour vient s'immatriculer cette milice
nouvelle. La pauvreté, d'après ce système, n'est plus

une chose accidentelle; c'est une profession, en quelque sorte, pour laquelle les bureaux de charité sont chargés de délivrer des patentes. Les malheureux, maintenant, ne sont plus fondus dans la société; ils forment des classes à part, classes nombreuses qui s'accroissent incessamment, et par les miracles de l'industrie dont l'activité attire à elle des bras nombreux qui vont tomber dans l'inaction au moindre embarras, et par les mesures mêmes que l'on prend pour combattre cette tendance. Une espèce d'infortunés, bien dignes pourtant d'intérêt, les pauvres honteux, ne peut presque pas trouver place dans ce système d'assistance. Qui veut des secours doit revêtir la livrée du pauvre, afficher sa détresse aux yeux de tous, surmonter de respectables répugnances, entrer enfin, sous peine de n'obtenir rien, dans la catégorie des indigens officiels. Il ne faut pas s'y tromper, on crée ainsi une population mendiante. Là, comme en tout, le premier pas est le seul qui coûte à faire; et lorsqu'on a subi la honte d'une inscription sur le bilan de la misère publique, on en veut au moins les profits, et on y reste. Une sorte de tradition s'établit, pour ainsi dire, dans les familles, et le fils ne répugne plus à suivre les traces du père. Ces conséquences, malheureusement trop réelles, sont attestées par les faits dans tous les pays où la charité revêt des formes légales.

La charité était jadis prévenante, vive, généreuse : on allait en quête du pauvre; on ouvrait largement sa main, et le malheur avait disparu; on avait mieux, nous ne craignons pas de le dire, qu'une pitié tout humaine. La religion était un

appui plus doux et plus sûr pour la pauvreté ; des relations d'affection, des liens inaperçus, et par là
même puissans, naissaient de la charité, fondée sur
une si sainte base. La protection et la gratitude se
donnaient la main ; l'obligé et le bienfaiteur se con-
naissaient, savaient qu'ils pouvaient compter l'un
sur l'autre. Les richesses excitaient peut-être moins
l'envie, quand on voyait à quel usage elles étaient
employées. La charité n'était point autrefois impuissante, infructueuse, comme elle l'est souvent de nos
jours, bien que des sommes énormes y soient consacrées ; on ne donnait point suivant la loi d'une sorte
de tarif réglé d'avance pour chaque infortune, comme
si dans le nombre des malheureux il en était deux
dont la condition fût égale ! On donnait alors dans
la proportion des besoins, on cherchait à les connaître, on les pesait, on mesurait leur étendue, on
s'attachait à rechercher ce qui les pouvait satisfaire,
surtout ce qui pouvait en éviter la reproduction.
Un certain mystère présidait aux distributions : on
n'ôtait point au pauvre sa pudeur ; il était assisté sans
être flétri. On ne l'obligeait pas à opter entre l'aumône et ses sentimens ; on ne l'obligeait pas à sacri-
fier ou sa délicatesse ou ses besoins. De cette sorte,
les secours étaient passagers comme les malheurs,
comme eux ils étaient grands ou restreints, et la charité ainsi faite est vraiment la seule que l'humanité
et la raison puissent avouer.

Sur d'autres points, qu'avons-nous fait ? L'amour
de la régularité, qui certainement est en soi une
bonne chose, a été porté dans tout avec un incroyable
excès. Rien de mieux si elle était ici susceptible

d'une utile application. Quelques mots suffiront pour
qu'on en puisse juger. Voici comment nous procé-
dons en grande partie pour les secours à domicile.
Nous dressons des catégories d'octogénaires, d'aveugles, d'infirmes, etc.; une somme est attribuée à
chaque nature d'infirmité. Ainsi un aveugle a tant,
un infirme tant, un octogénaire tant, et ainsi de
suite, en aucun cas ni plus ni moins. D'abord, ce
que nous donnons est insuffisant; mais, d'ailleurs,
cette apparente justice, qui fait passer un niveau
d'égalité sur tous les aveugles, sur tous les infirmes, sur tous les octogénaires, etc., etc., n'est-elle
pas, au fond, une injustice véritable? Tous les
aveugles, tous les octogénaires, tous les infirmes
sont-ils dans une condition absolument égale pour
que notre aumône le soit? Nulle part pour le bien
des choses il ne faudrait plus de libre arbitre, et
nulle part on n'en a moins! Il est vrai que si tout
n'était invariablement réglé, on donnerait lieu à
d'incessantes réclamations. Chaque malheureux cher-
cherait à tirer à lui le plus possible; il faudrait avoir
de nombreux débats; se livrer à des appréciations
difficiles sur la position de chacun; choisir, enfin, et
juger. Quelques erreurs pourraient se commettre;
même aussi quelques abus, et les abus sont ce qu'on
redoute et poursuit le plus aujourd'hui. Mais peut-il
en être de plus grands que ceux que consacre un tel
système? Le réglement coupe court à ces embarras;
il répond et obvie à tout; il est commode, expéditif
et absolu; oui : mais en sacrifiant entièrement cette
justice distributive, qui est la véritable, la seule justice. Nous devons dire pourtant qu'une portion des

fonds de secours est destinée à secourir les malheurs accidentels, à pourvoir aux cas imprévus et urgens, et qu'ici une grande latitude est laissée aux distributeurs. Il n'y a qu'une observation à faire, c'est que ces allocations sont si minimes qu'elles ne peuvent avoir aucun effet. C'est une goutte d'eau jetée dans la mer. Mais d'un autre côté, bien que stérile, le fait est précieux; c'est un hommage que la force des choses oblige à rendre aux simples et vraies doctrines.

Il en est ainsi en toutes choses. Nous voulons tout régulariser, tout réduire en système, coûte que coûte. Nous voulons que les institutions marchent comme des machines, et, dans les efforts impuissans que nous faisons vers ce but, nous ne mettons en oubli que deux choses, qu'on trouve peut-être sans importance : les événemens fortuits et les passions.

Cette tendance à constamment matérialiser, à frapper de paralysie les nobles instincts, à anéantir tout mobile généreux, n'a qu'un résultat, c'est de donner à la société des véhicules de plus en plus imparfaits, jusqu'à ce qu'enfin, arrivés au dernier degré dans cette marche descendante, de l'excès même où nous serons tombés sorte le bien.

Mais que fait tout cela à certains esprits? Ils voient l'ordre dans ses apparences. Les formes sont tout pour eux. Ils ont un cadre; il faut sans exception que tout y entre. C'est un vrai lit de Procuste; n'importe : la forme est sauvée, tout est bien; ils s'applaudissent, et rappelant un mot tristement célèbre, quoi qu'il advienne, ils sont satisfaits, tout a fléchi, hormis ce qu'ils appellent les *principes*.

Sans doute, nous sommes loin de le contester, il

y avait à améliorer dans le mode d'assistance pour lequel nous n'hésitons pas à exprimer tous nos regrets. Répandus par des associations diverses, qui pouvaient être inconnues les unes aux autres, c'eût été un grand avantage que de réunir les secours en un point central, que de grouper sous une impulsion unique des travaux qui, bien qu'ayant le même but, divergeaient dans différentes directions. Mais en même temps il fallait se garder de toucher à la base même de la charité. Il fallait la laisser descendre du ciel, qui l'avait tant agrandie, tant élevée, et ne pas substituer par un mouvement d'orgueil une origine toute terrestre à cette sainte origine; on eût ainsi ajouté un bien nouveau au bien existant. Mais entraînés par cet amour de changement qui abrége, en France, la vie de tout et que tant de gens confondent avec le désir du progrès, on aima mieux tout renverser sans s'inquiéter de savoir si l'on avait quelque chose de mieux à mettre à la place de ce qu'on livrait si légèrement à la destruction.

Ainsi disparurent ces agrégations de personnes pieuses et charitables que la noble passion du bien réunissait, et dont l'importance pour le soulagement des malheureux, comme pour l'ordre de l'État, ne fut connue et appréciée que lorsqu'on les eût perdues.

Il fallait bien ou mal les remplacer, et la nature, comme la rapidité des événemens, rendaient toute création difficile. Après différens essais, on s'arrêta à la formation des bureaux de bienfaisance, dont la Restauration a changé le nom, et qu'on a depuis désignés sous celui de bureaux de charité.

Les bureaux de charité signalèrent leur existence par le concours le plus utile. Ils auraient pu rendre de plus grands services encore. Mais il n'aurait pas fallu, par un sentiment égoïste, les tenir dans les étroites limites où l'on circonscrit leur action. Qu'on nous permette de le dire, on les accable de travaux, on les étouffe sous d'innombrables formalités où la charité n'est pour rien. Leur justification ne laisse à désirer quoi que ce soit. Il est seulement fâcheux que les pauvres en fassent les frais, et que l'on consacre à constater l'irréprochable régularité de l'aumône une grande partie des deniers qui seraient beaucoup mieux employés à la faire. Il faut sans doute des comptes, mais avec mesure, et la lèpre bureaucratique menace de tout dévorer. C'est pour les institutions un signe certain de décadence. Qui ne se souvient de sa ruineuse influence sous le Directoire? Alors corrompue et facile, rien ne résistait à des funestes envahissemens; aujourd'hui honnête, puritaine, hérissée de difficultés, le résultat au fond est le même; sa domination, trop grande, nuit à tout. Il faudrait en dégager un peu les bureaux de charité. Il n'y aurait qu'à gagner à allonger leurs lisières, à relâcher les liens qui paralysent souvent leur amour du bien. Les hommes honorables qui remplissent les fonctions de pères des pauvres méritent une confiance qui, en les attachant plus encore à leurs pieux devoirs, en les élevant aux yeux de leurs malheureux cliens, tournerait au profit de tous.

Dans les hôpitaux, l'uniformité passe avant tout; et, tels qu'ils sont organisés, un ordre rigoureux y est en effet nécessaire. Lorsque dans un seul établis-

sement sont réunis un grand nombre de malades,
comment les traiter suivant les circonstances particulières à chacun d'eux? Une règle générale est indispensable, et à moins de se livrer à des dépenses
dont l'étendue serait effrayante, il faut là que, malgré la variété des affections aussi diverses que le sont
l'âge, la condition, le tempérament, les habitudes,
chacun soit soumis à un régime qui n'est pas indi-
viduel, qui est tout-à-fait semblable en beaucoup
de points. On sent combien cela doit être fâcheux,
et combien il est désirable qu'on y puisse apporter
des changemens. Plus les hôpitaux sont étendus, et
plus les inconvéniens que nous venons d'indiquer
sont sensibles et graves. Pour les affaiblir, car jamais
on ne pourra totalement les détruire, il faudrait
n'avoir que de très petits hôpitaux, et nous ne dis-
simulerons pas le pénible et profond regret que nous
éprouvons à la vue des accroissemens que l'on va
donner à quelques uns (1). On va leur enlever ainsi
le plus précieux de leurs avantages. Comme nous le
dirons plus tard, un grand hôpital est un abîme où
les pauvres sont pour ainsi dire perdus (2). Tout

---

(1) On travaille en ce moment à l'agrandissement de l'hôpital
Necker et de l'hôpital Beaujon. On doit augmenter aussi l'hôpital Saint-Antoine et l'hôpital Cochin. Il vaudrait beaucoup
mieux construire de nouveaux hôpitaux ailleurs, et laisser aux
établissemens que nous venons de nommer leur dimension actuelle. Mais l'économie.... Eh, mon Dieu! lorsqu'on trouve toujours des fonds pour des monumens de luxe, comment se fait-il
qu'on en manque quand il s'agit de travaux utiles?

(2) Voir page 12 de la Notice ci-après, dans quel état était
l'Hôtel-Dieu.

d'ailleurs s'y fait sèchement et d'une manière mécanique. Le réglement y doit plus impérieusement
commander, et banal, roide, inflexible, il y glace
tout. N'ayons, dirons-nous, que de petits établissemens; multiplions-en le nombre dans chaque quartier; que leurs limites restreintes permettent de les
régir comme une famille. Évitons ces vastes foyers
d'infection dont le seul aspect attriste, effraie, et
nous ferons une chose non moins utile à la santé
publique qu'aux bonnes mœurs, aussi souvent com-
promises que le bien-être des malades dans les grands
établissemens.

Mais même avec la condition d'une dimension
modérée, et avec tous les avantages que cette condition doit procurer, le secours de l'hôpital est à
nos yeux incomplet encore. Lorsqu'un malade y
arrive, on examine avec sollicitude son état; on
s'enquiert de tout ce qui peut intéresser sa santé.
A cet égard, on ne peut ni plus ni mieux faire;
mais de savoir s'il a une famille, si elle a des moyens
d'existence, si elle ne va pas périr de faim pendant
son absence, personne n'en prend nul souci.

Dans quelle angoisse mortelle ne doit pas se trouver un malheureux que dévore la douleur morale
en compagnie de son mal! Qui ne voit tout ce qu'il
y a d'insuffisant dans un tel mode d'assistance (1)?

_____

(1) Nous devons dire toutefois que quelques pas ont été faits,
par les hôpitaux de Paris, dans la voie où nous souhaitons que
l'on entre plus largement. Si un malade déclare en arrivant dans
l'hôpital qu'il a des enfans en bas âge, et qu'il ne reste à son
domicile personne pour les soigner, on les fait placer en dépôt,

Lorsque le malade est guéri, il sort de l'hôpital, et bien que rétabli, faible encore. Impossible à lui de reprendre ses travaux; il faut qu'il coure d'atelier en atelier, et pendant cette oisiveté et ces promenades, toutes les tentations peuvent l'assaillir; et s'il y cède, à quoi n'est-il pas exposé dans son état de faiblesse? Une rechûte le reconduit à l'hôpital, et cette fois c'est avec moins de chances d'en sortir.

Mais que faire pour prévenir de si tristes conjonctures? C'est facile, le voici. Il suffirait pour cela qu'un agent, dans chaque hôpital, fût chargé d'entretenir des relations avec des entrepreneurs de divers états, qui ouvriraient leurs ateliers aux malades dès qu'ils quitteraient les hôpitaux. On mettrait ainsi un terme aux funestes chômages dont nous venons de parler, et il ne manque pas d'hommes bienfaisans qui se feraient un charitable devoir de réserver quelques places à cette humaine destination (1).

---

suivant leur âge, dans les hospices des Enfans-Trouvés ou dans celui des Orphelins. A la sortie du malade, ils lui sont rendus. C'est bien; mais on devrait aller plus loin.

(1) L'administration ne peut pas tout faire à la fois, et ce sont des indications et non des reproches que nous lui adressons en ce moment. Celle des hôpitaux de Paris a opéré beaucoup de bien, et si ses efforts antérieurs sont continués, elle en opérera beaucoup encore. Mais qu'elle se défie des théories purement imaginaires, et qu'elle ne transforme pas sa sainte et bienveillante mission en un ministère d'oppression et de rigueur.

La charité particulière, d'un autre côté, n'est pas restée inactive. Elle est entrée dans notre pensée, ou, pour mieux dire, nous agrandissons la sienne; car les hôpitaux de convalescens, pour l'établissement desquels elle a fait de si généreuses dota-

Pour accomplir ce projet, dès qu'un malade se présente à l'hôpital, on demanderait, soit à lui, soit aux personnes qui l'accompagnent s'il est hors d'état de répondre, des renseignemens sur ses moyens d'existence et sur ceux de sa famille; on l'assurerait qu'on y pourvoira en son absence, et que dès qu'il sera en état de reprendre ses travaux, on lui donnera les moyens de s'occuper.

L'hôpital cesserait, par cette bienfaisante entremise, d'être un lieu de torture morale pour un grand nombre de ceux qui y sont admis; il offrirait une assistance complète, efficace, et dont les effets auraient une haute portée sur le bonheur et l'amélioration des classes qui sont obligées d'y avoir recours. Combien de fois, dans l'état actuel, la compassion ne prolonge-t-elle pas le séjour de malades qui pourraient en sortir, mais qui demandent qu'on les y laisse jusqu'à ce qu'ils se soient procuré de l'occupation!

Moins de rechûtes, moins de population, moins de journées de séjour, plus d'élémens de guérison, plus de moralité, tels seraient les heureux effets de la mesure que nous indiquons, et dont nous développerons, dans nos publications suivantes, les moyens d'application.

Un grand nombre d'hôpitaux, dans les départemens, ont pour règle de n'admettre que les malades qui appartiennent à la commune sur laquelle ils sont situés. Qu'un étranger en implore le secours,

---

tions (*fondation Bullion*, *fondation Monthyon*), étaient un acheminement vers les améliorations que nous appelons ici.

il est refusé. Il faut qu'il souffre ou qu'il périsse s'il
n'existe pas, dans le voisinage où la maladie l'a
frappé, un asile moins exclusif et plus exorable. Tout
en la déplorant, nous trouverions une cause dans
cette rigueur lorsque les hôpitaux sont le produit
de fondations particulières et que les bienfaiteurs
ont imposé cette triste condition à leur charité.
Nous ne la comprenons aucunement quand elle
s'exerce dans des établissemens entretenus aux frais
des communautés d'habitans, car enfin les étrangers apportent leur contingent à l'impôt, même
local, par leur industrie, par leur consommation.
D'un autre côté, on appelle quelquefois ainsi des
représailles que nous nous abstiendrons de quali-
fier. On repousse les étrangers malades dans les hôpitaux d'une ville parce qu'on les repousse dans
ceux d'une autre. Ne vaudrait-il pas mieux établir
une réciprocité sans exception? Les hôpitaux, à ne
considérer que la dépense, n'y perdraient certainement rien, car sous ce rapport il y aurait bientôt
équilibre, et l'humanité y gagnerait infiniment. Il y
a là évidemment des modifications à opérer (1).

---

(1) Dans les principales villes, cette étroite manière d'agir est
inconnue. Pour être admis dans les hôpitaux, une condition
seule est nécessaire; il suffit d'être malade. A Paris, surtout,
l'administration est, à cet égard, d'une facilité touchante, et
qui mérite d'être imitée. La porte des hôpitaux y est ouverte,
sans exception, à tous ceux qui souffrent. Les malheureux de
tous les pays y abondent; eh bien! malgré cette générosité qui
nous semble bien naturelle, les hôpitaux de cette ville ont eu

d

Tout cela, nous le savons, exige des soins minutieux et continus. La tâche est grande, mais elle est noble, et elle couvrirait de la douce gloire qui accompagne les bienfaits, celui qui l'entreprendrait avec les lumières et la fermeté nécessaires pour la faire réussir. Il ne faut point toutefois se faire illusion. Pour une telle entreprise, un vif et sincère amour de l'humanité est indispensable. Il ne suffirait point de ce sentimentalisme de parade, qu'affectent quelques prétendus amis des pauvres, qui s'arrête à l'épiderme et n'a pas sa source dans le cœur, ou plus haut encore. Rien n'est plus commun en ce temps et rien n'est plus pernicieux. Mais la *charité* véritable est rare. Elle a succombé sous la *bienfaisance,* que cherche à détrôner à son tour la *philanthropie.* Les mots ont une grande influence sur les choses, ou plutôt ils n'en sont que l'expression. Quand le mot charité parut vieilli, c'est que le sublime détachement de soi en faveur d'autrui s'était affaibli. Lorsque, à son tour, la philanthropie dispute la place à la bienfaisance, c'est que celle-ci s'altère et bientôt ne sera plus. L'homme charitable voyait un autre lui-même dans son semblable, et se dépouillait avec joie pour le couvrir. C'est saint Martin, donnant la moitié de son manteau. L'homme bienfaisant ne va pas si loin dans ses sacrifices : il donne aussi, mais par pur devoir et avec plus de

quelquefois de la peine à faire admettre leurs pupilles dans des hôpitaux de départemens, ou même n'ont pu réussir à leur en ouvrir l'accès.

modération. Le philanthrope, lui, ne donne qu'avec tristesse et comme par force (1); il discute avec la misère, cherche à la satisfaire au rabais, et n'est souvent qu'un ambitieux spéculateur. La charité invite le pauvre à de splendides-festins, lui lave les pieds, auguste abaissement! La bienfaisance laisse, pour le pauvre, tomber quelques miettes de sa table; le philanthrope lui fait distribuer la soupe économique au coin des rues. Que Dieu garde l'indigence de tels protecteurs! Leur sensibilité est si vive que le seul aspect de la misère et de la douleur mouille leurs yeux; mais que, suivant les préceptes de l'Évangile, le pauvre frappe à leur porte, c'est en vain; ils ne se soucient pas de ses confidences, ils les repoussent. En évitant de les entendre, ils se croient dispensés de le soulager. Hommes dont la parole est douce et dont l'âme est dure, qui ont une exclamation touchante pour chaque malheur, et jamais une obole dans leur bourse pour les malheureux. Ils aiment de bouche et non par œuvres (2). Hommes, du reste, savans, féconds en théories profondes, qui comptent les faits pour rien, leurs idées pour tout; qui discutent une loi des pauvres comme un tarif de douanes, et voudraient faire prévaloir partout leurs froids et cruels calculs. Nous ne le dissimulons pas, nous redoutons la triste influence de tels hommes sur le sort des malheureux. Leurs principes nous épouvantent. L'homme qui souffre, à

---

(1) Saint Paul, 2ᵉ épître aux Corinthiens.
(2) Saint Paul, 1ʳᵉ épître à saint Jean.

leurs yeux, a toujours tort. Ils voient, *à priori;*
une faute partout où ils trouvent un malheur, et
prévenus ainsi d'avance contre la misère, il existe
en eux, pour ceux qui l'éprouvent, une sorte d'hos-
tilité qui les porte à n'agir à leur égard que par
des mesures de rigueur. Ainsi, ils n'hésiteraient
pas à détruire les hospices de vieillards, parce que
quelques familles y peuvent faire admettre abu-
sivement quelques uns de leurs proches, sauf à
laisser la vieillesse dans l'abandon, et à voir renaî-
tre la mendicité qui porta Louis XIV à ouvrir ces
pieuses retraites; à supprimer les hôpitaux, parce que
quelques paresseux s'y peuvent réfugier, sauf à voir
périr dans leurs greniers les malades véritablement
pauvres, que reçoivent en grand nombre ces saints
asiles; ainsi ils appellent à grands cris la destruction
des hospices d'enfans trouvés, dominés par cette
pensée, qu'à leur disparition est attaché le retour des
bonnes mœurs. Aveugles qu'ils sont, car nous ne
voulons pas les croire méchans, ils oublient donc
que lorsque la charité, sous la figure de Vincent-de-
Paul, offrit ce recours à la faiblesse, à la honte, à
la misère, on ramassait chaque jour dans les rues,
souvenir terrible, un grand nombre de leurs victimes, et que si l'on mettait en pratique leurs con-
ceptions téméraires, impitoyables, nous pourrions
revoir encore ces expositions affreuses (1)!

---

(1) Lorsque saint Vincent-de-Paul fonda l'œuvre des enfans
trouvés, on relevait chaque jour, sur la voie publique, un grand
nombre de nouveau-nés, qu'on y déposait dans la nuit. Des
documens judiciaires de cette époque constatent qu'on en expo-

Mais n'anticipons pas sur les faits intéressans et douloureux que nous aurons à faire connaître en continuant nos publications. Nous aurons à établir entre les idées charitables d'aujourd'hui et celles des temps passés de bien étranges parallèles. S'ils n'étaient que cela, nous nous en consolerions. Mais s'il en ressort que l'on se trompe; que l'effet est pris pour la cause, qu'on poursuit le pauvre au lieu de détruire la misère, que les indigens sont menacés dans leur avenir par la protection même qu'on leur accorde, c'est-à-dire que si, faisant de la charité une affaire de gouvernement, on en restreint chaque jour le cercle, sans que la pauvreté diminue, comment ne pas s'en affliger? La charité doit être un élan du cœur, une inspiration divine, ou le résultat d'une pensée pro-

---

sait ainsi trois ou quatre cents chaque année dans la ville et les faubourgs. Un grand nombre de délits de cette nature échappaient sans doute aux recherches de la justice. Ces malheureuses créatures étaient recueillies par une veuve, qui, moyennant une indemnité, se chargeait de les nourrir dans sa maison, située rue Saint-Landry, et qu'on nommait *Maison de la Couche*. La plupart de ces pauvres enfans mouraient de langueur, ou par le fait des servantes, qui, pour se débarrasser de l'importunité de leurs cris, leur faisaient prendre, pour les endormir, des drogues qui les tuaient. Le petit nombre qui survivaient étaient vendus ordinairement *vingt sols* à des femmes qui les employaient à se débarrasser d'un lait corrompu, office que l'on fait remplir aujourd'hui à de petits chiens. On en introduisit aussi quelques uns par supposition dans de riches familles, enfin on ne craignait pas de les faire servir à des opérations magiques, qui les vouaient à la torture et à la mort *.

* Voir *Vie de saint Vincent-de-Paul*, par Capefigue.

fonde et sublime; mais la réflexion vulgaire la tue,
et si elle devient un objet de pur calcul, c'en est fait :
on peut assurer qu'elle a cessé d'exister. L'homme
d'État, si de hautes vues le dirigent, si le vrai bonheur des peuples l'occupe, devrait faire entrer l'exer-
cice de cette vertu dans l'éducation, et les premiers
mots qu'on devrait apprendre aux enfans sont : JE
DONNE. Il faudrait leur faire comprendre qu'ils n'ont
rien apporté dans ce monde et qu'ils n'en pourront
rien emporter (1). On a dit depuis long-temps qu'il
en coûte moins cher de haïr que d'aimer, en d'autres
termes, que l'affection est plus à charge que la haine.
C'est vrai : aimer ses semblables, c'est s'intéresser à
eux, c'est les secourir. Les haïr, c'est les repousser.
L'affection fait qu'on se dépouille, la haine que l'on
conserve.... Est-ce à dire que nous souhaitons une
charité prodigue, sans discernement, qui jette ses
dons au hasard, qui s'exerce arbitrairement et sans
nul contrôle? Loin de nous cette pensée; nous vou-
drions que les secours n'allassent qu'à la véritable
pauvreté. Mais nous ne craignons pas de le déclarer,
si nous avions à choisir entre une assistance lésineuse
et tracassière, qui ne procède que par enquêtes et
discussions, pendant lesquelles le pauvre qui la sol-
licite meurt, et une assistance moins circonspecte,
qui expose à mal placer quelques secours, si l'aumône
peut jamais être mal placée, notre préférence serait
tout entière pour celle-ci. La charité n'est pas œuvre de sévérité, mais de grâce; elle ne saurait être
sans quelque abandon, et quel est l'homme qui ne

(1) Saint Paul à Timothée.

pense, s'il a dans le cœur quelque pitié, qu'il vaut
mieux courir la chance de quelques abus que de man-
quer aux malheureux?

Concluons : la charité publique, chez les Égyptiens, ne s'obtenait qu'au prix du travail, et n'était
en quelque sorte qu'un échange de services. Il est
probable pourtant qu'elle fut au moins compatis-
sante pour ceux qui étaient hors d'état de se rendre
utiles.

Il en fut de même dans une partie de la Grèce, et
particulièrement à Sparte; à Athènes, au contraire,
l'histoire nous atteste qu'elle fut généreuse et touchante.

Chez les Hébreux, chez les Romains, l'hospitalité
dispensa de l'assistance publique, et les lois, comme
les mœurs, tendirent plus à prévenir la misère qu'à
la soulager.

Dans l'Orient, on voit l'un et l'autre système se
prêter appui, mais se résoudre en préceptes plutôt
qu'en actes.

En Chine, la charité particulière paraît être à peu
près, aux temps ordinaires, la seule ressource du
pauvre. Le prince s'y associe avec une sainte ardeur
dans les mauvais jours; mais, constamment, elle se
pratique là avec une telle largesse qu'elle peut tenir
lieu de tout autre mode d'assistance.

En Angleterre, la charité est une dette que le
créancier demande avec arrogance, et que le débi-
teur acquitte par crainte.

Chez nous, elle n'a pas encore ce caractère; mais
elle y tend chaque jour, au grand regret des vrais
amis de l'humanité; et en attendant elle est par-

cimonieuse et défiante. Elle semble entrer en lutte avec la misère, et se dépouiller de son plus noble attribut, la spontanéité, de son plus grand charme, la sensibilité et l'entraînement. Elle était pour la société un gage précieux de concorde et de paix; elle deviendra, si sa direction ne change, un ferment de discorde, un élément de dissolution. Mieux vaut, disons-le nettement, ce qu'elle était que ce que l'on veut la faire : elle était religieuse et douce, discrète et morale, attentive et prévoyante, judicieuse et efficace, on l'érige en droit, on la rend légale, c'est-à-dire sèche et inanimée, officielle et humiliante, exigible, indifférente; on la rend enfin stérile, non seulement pour ramener au bien, mais pour soulager la misère, seul but qu'on semble cependant lui vouloir assigner.

NOTICE

L'HÔPITAL DE LA CHARITÉ.

Si les passions des hommes avaient disparu en même temps que les institutions et les idées où ces passions trompées trouvaient un refuge, où le désenchantement, le dégoût, le désespoir se dissipaient par de saintes consolations, nous jetterions nos regards sur le passé sans regrets, nous admirerions le présent sans restriction.

Malheureusement, il n'en est point ainsi : les hommes sont peu changés, et malgré les espérances de perfectibilité dont quelques imaginations se bercent, il faut humblement reconnaître que le fond de l'humanité restera toujours le même; que les sentimens bons ou mauvais qui nous dirigent ou nous emportent, existeront toujours dans nos cœurs plus ou moins modifiés dans leur forme, par les temps et les circonstances; que les cupidités, que l'orgueil, que les faiblesses de toute sorte règneront toujours dans le monde.

Cette vérité, dont notre vanité s'indigne; cette vérité, qui assiége les esprits les moins disposés à l'admettre, qui les pénètre malgré eux, nous est particulièrement rappelée par les recherches que nous avons faites pour tracer l'histoire de l'établissement dont nous allons nous occuper.

I

Certes, nous ne regrettons aucun des abus dont la religion a été l'occasion ou le prétexte. Mais nous déplorons vivement la perte du sentiment religieux qui fut la source de tant de bien, et dont l'absence peut être considérée comme la cause principale des difficultés, des maux les plus grands qui affligent l'époque actuelle.

C'est de ce sentiment que sont nées tant d'institutions généreuses où vient s'abriter le malheur ; c'est à lui que nous devons ces asiles où l'enfance délaissée, où la vieillesse impuissante, où la misère, l'infirmité, la maladie, sont accueillies et secourues ; c'est à lui que nous devons l'hôpital de la Charité, qui fait le sujet de cette notice.

Marie de Médicis, seconde femme de Henri IV, avait été témoin à Florence de la charité touchante des frères de Saint-Jean-de-Dieu, qui desservaient un des hôpitaux de cette ville (1). Devenue reine de France, elle

---

(1) Saint Jean-de-Dieu naquit, en 1495, à Monte-Major-el-Novo, petite ville de Portugal, d'une famille si pauvre qu'il fut obligé de servir de domestique. Il servit aussi comme soldat, et fit plusieurs campagnes dans les armées de Charles V. Il combattit dans la Hongrie contre les Turcs. Un sermon du bienheureux Jean d'Avila le toucha tellement qu'il résolut de consacrer le reste de sa vie au service de Dieu et des malades. Manquant lui-même de tout, que pouvait-il donner aux pauvres ? Son zèle le rendit ingénieux ; aucun obstacle ne put l'arrêter. Il acheta une maison à Grenade, et du sein de la pauvreté, on vit sortir ce magnifique établissement, qui subsiste encore aujourd'hui, et qui a servi de modèle à tous les autres. C'est là que Jean jeta les premiers fondemens de son institut, approuvé par le pape Pie V, en 1572, et répandu depuis dans toute l'Europe. Le saint homme passait la journée à secourir les malades, et le soir à quêter pour eux. Sa charité ne se bornait pas là ; il

eut la pensée d'étendre sur sa nouvelle patrie le bienfait de leur institut, et en exécution d'un vœu qu'elle
avait formé (1), elle appela à Paris, en 1602, cinq
frères de cet ordre, qui dut lui-même son existence à
une de ces pieuses et véhémentes inspirations d'amour
et de charité, dont la vive et puissante source n'a ja-

---

visitait aussi les pauvres honteux et procurait du travail à ceux
qui en manquaient. Il prenait un soin particulier des filles sans
appui que la misère pouvait jeter dans le vice. Il entreprit même
d'aller dans les lieux de débauche, pour tâcher d'en retirer
quelques malheureuses, et il réussit. L'archevêque de Grenade
favorisa les desseins de Jean, et lui donna des sommes considérables pour agrandir son hôpital. L'évêque de Thui seconda
aussi son établissement ; il donna au fondateur le nom de Jean-
de-Dieu, et lui prescrivit une forme d'habit pour lui et pour
ceux qui deviendraient ses compagnons. Il mourut le 8 mars
1550, âgé de 55 aus, le même jour qu'il était né. Urbain VIII
le déclara bienheureux en 1630, et Alexandre VIII le canonisa
en 1699. Il n'avait point donné à ses disciples d'autres règles
que son exemple : Pie V les plaça sous celle de saint Au-
gustin. Ce pontife y ajouta quelques autres réglemens, ten-
dant à consolider la congrégation, qu'on appela dès ce moment
l'Ordre de la Charité, nom que justifient si bien ses pieux travaux.
    Les frères de saint Jean-de-Dieu sont connus en Italie sous
le nom de *Fatte ben fratelli* (*frères Faites bien*), expression
dont se servait habituellement leur fondateur pour les exciter
dans leurs devoirs. (Voir *Dictionnaire historique* de Chaudon et
Delandine, Dictionnaire de Michaud, *Vie de saint Jean-de-
Dieu*, par ***.)
    (1) Les lettres-patentes qui donnèrent à cet établissement
une existence légale sont du mois de mars 1602 ; des lettres-
patentes confirmatives des premières furent délivrées en août
1608, sous le règne de Louis XIII, et en décembre 1643,
sous celui de Louis XIV.

mais jailli si éclatante et si féconde que de la sublime morale de l'Évangile.

Ces apôtres d'une communauté qui devait si rapidement couvrir la France de ses travaux charitables (1), s'établirent d'abord dans la rue de Petite-Seine, aujourd'hui rue des Petits-Augustins. Plus tard, en 1606, Marguerite de Valois ayant. eu besoin du terrain qu'ils occupaient en traita avec eux, et les fit transporter dans une belle maison entourée d'un grand jardin, située rue des Saints-Pères, près la chapelle de Saint-Pierre (2), alors paroisse des domesti-

---

(1) Voici les noms des hôpitaux que les frères de la Charité avaient établis en France ou dans ses colonies. Ils sont rangés par ordre d'ancienneté :

Paris, maison de la rue des S.-Pères.	Romans, en Dauphiné.
Cardillac.	Ile-de-Rhé.
Moulins.	Metz.
Poitiers.	Gayette, en Auvergne.
Niort.	Clermont-Ferrand.
La Rochelle.	Vizille, en Dauphiné.
Vezins.	Granville, en Normandie.
Roye.	Goudieville, en Lorraine.
Charenton.	Allan, en Comminge.
Convalescens, à Paris.	Nancy.
Pontorson.	Ebreuil, en Auvergne.
Château-Thierry.	Maison royale de santé, à Paris.
Effiat, en Auvergne.	
Condom.	MAISONS DES ÎLES.
Saintes.	Au Fort Saint-Pierre.
Grenoble.	A la Guadeloupe.
Selles, en Berry.	A Leogane.
Avon, près Fontainebleau.	Au Cap-Français.
Senlis.	Au Fort Royal de la Martinique.

(*Mémoires de Tenon*, p. 36.)

(2) La chapelle Saint-Pierre, par contraction *Saint-Père*, et un terrain voisin qui servait de cimetière aux *pestiférés* (voir Delamarre, *Traité de Police*), furent concédés à l'hôpital de

ques et des vassaux de l'abbaye Saint-Germain. Cette chapelle fut démolie pour agrandir le cimetière, et l'on construisit, sur un autre point, une église dont la reine Marguerite posa la première pierre en 1613, et dont la dédicace eut lieu, en 1621, sous l'invocation de saint Jean–Baptiste (1).

la Charité par le curé et les marguilliers de Saint-Sulpice, moyennant 500 livres. C'est sur cet emplacement que les religieux ont fait construire des maisons (rues Taranne et Saint-Benoît) et que fut édifiée l'église du couvent (rues Taranne et des Saints-Pères) qui a formé plus tard la clinique dont nous parlerons plus loin.

A une époque subséquente, en 1686, lorsque Louis XIV révoqua l'édit de Nantes, qu'il proscrivit ainsi la religion réformée, le cimetière des protestans fut donné par lettres-patentes aux frères de la Charité. Ce cimetière fut garni de propriétés, et quoique l'on ne soit pas bien fixé sur l'emplacement où il était situé, il est probable qu'il occupait les terrains à l'angle de la rue Jacob et des Saints-Pères, et lieux voisins, où des rues ont été percées.

(1) La stérilité de Marguerite de Valois ayant amené son divorce, elle se retira dans un beau palais qu'elle fit construire dans la partie de Paris qui est aujourd'hui la rue de Seine. Elle fit bâtir en contiguïté un couvent qu'elle nomma du nom de *Jacob*, qui est demeuré depuis à une des rues voisines de son emplacement. La chapelle de ce couvent s'appelait *Chapelle des Louanges*, parce que quatorze frères Augustins chaussés devaient y chanter les louanges de Dieu jour et nuit, et en se succédant d'heure en heure.

A cette époque, il n'existait sur ce point que des jardins. C'est par ce motif que l'hôpital de la Charité y fut placé. Il y était fort bien alors, comme il l'a été long-temps sur son emplacement actuel; mais depuis, les choses ont bien changé. Ce quartier s'étant successivement peuplé, des constructions se sont élevées. Les jardins ont disparu peu à peu. Les accroissemens

L'établissement fut dans l'origine peu considérable;
il n'y existait que quelques lits, et on n'y recevait que

---

que reçut la ville de Paris en 1619 changèrent le palais de la
reine Marguerite de destination. Cette résidence fut vendue en
ce temps à des particuliers, à la charge d'y percer des rues et de
bâtir. Cela fut exécuté. Ce sont maintenant les rues de Bourbon,
de Verneuil et des Saints-Pères. (*Traité de la Police*, par Delamarre ; *Dictionnaire historique* de Chaudon et Delandine.)
L'hôpital s'est trouvé ainsi entouré par des bâtimens qui d'une
part lui ont enlevé toute possibilité de s'agrandir, qui de l'autre
l'ont resserré , privé d'air, qui enfin ont introduit des étrangers
presque dans son intérieur ; car toutes les maisons qui l'envi-
ronnent, la plupart du moins, plongent sur les jardins et
jusque dans les salles. Ces maisons appartenaient à l'hôpital,
et elles provenaient ou d'échanges opérés par les charitains , ou
de constructions élevées par eux sur des terrains donnés ou concédés *pour améliorer le revenu des bienheureux et révérends
Pères, qui les louaient à bail à boutiquiers et bourgeois.*

Une telle enceinte était une chose mal entendue et très fâcheuse pour l'hôpital : ce qui l'est plus encore, ce sont les mesures qui ont été prises, en 1812, au sujet de ces immeubles.
Pour faire face à des besoins qui excédaient ses ressources, la
ville de Paris les a fait vendre, s'est emparée des capitaux, sauf à
servir des intérêts ou à céder des marchés aux hospices en com-
pensation. Le résultat en a été que l'hôpital s'est trouvé cerné
par des maisons appartenant à des étrangers. Si l'administration
en avait besoin maintenant, elle serait obligée de les payer fort
cher. Disons, en outre, que le capital qu'ont produit ces propriétés lors de leur vente serait augmenté aujourd'hui dans une
immense proportion, et que les hospices, ainsi dépouillés, ont
véritablement perdu tout l'accroissement que cette partie de leur
domaine aurait obtenu par le bénéfice du temps. C'est un véritable appauvrissement dans les fortunes privées comme dans la
fortune publique que le *statu quo*, lorsque tout augmente de
valeur autour de soi, et c'est un bien puissant argument contre
la dotation en rentes des établissemens publics.

des hommes atteints de maladies curables et non contagieuses ni vénériennes. L'exclusion des femmes s'explique par ce fait que les frères soignaient eux-mêmes les malades, ainsi que nous le dirons tout à l'heure (1); l'exclusion des infirmes, parce que d'autres asiles étaient ouverts à cette classe de malheureux ; enfin l'exclusion des maladies communicatives et syphilitiques, d'un côté par la répugnance et la crainte que ces affections inspiraient ; de l'autre, par l'existence contemporaine d'établissemens spéciaux où l'on avait pris toutes les précautions possibles contre le danger de ces maux, et où l'on avait en même temps réuni tout ce que la science d'alors pouvait offrir pour leur guérison (2).

(1) Voir page 28, note 3.

(2) Les infirmes ont été successivement placés, entre autres établissemens, dans les hospices de *Bicêtre* (année 1632), de *la Salpétrière* (année 1632), des *Incurables* (*hommes*), faubourg Saint-Martin (années 1611, 1795), des *Incurables* (*femmes*), faubourg Saint-Germain (années 1634, 1637), des *Petites-Maisons* (années 1557, 1659), de Montrouge à Vaugirard (année 1782) à la maison Scipion.

Les maladies cutanées contagieuses, le scrofule ont été traités à l'hôpital Saint-Louis, faubourg du Temple (année 1619), à *Bicêtre*, à *la Salpétrière*, à l'Hôtel-Dieu, à *la Pitié*.

Les malades vénériens, contre lesquels s'élevèrent des mesures si inconcevablement rigoureuses à l'apparition du mal, furent traités dans l'hospice des *Petites-Maisons*, faubourg Saint-Germain (1497, 1559), à *Bicêtre* (1657), à la maison dite de Scipion, du nom de son fondateur, faubourg Saint-Marcel (1659), à l'Hôtel-Dieu (1682), à la Salpétrière (1683), à l'ancien couvent des Capucins, faubourg Saint-Jacques (1782), enfin à l'hôpital de l'Ourcine, faubourg Saint-Marcel (1835).

Ces faibles commencemens furent suivis de progrès
rapides; la bienfaisance privée vint au secours de la
générosité royale. Des fondations de lits furent faites
en grand nombre par des particuliers, et, en 1779,
on y comptait 205 lits, distribués en six salles, et
parmi lesquels 60 environ provenaient des fondations (1) dont, à cette époque, les familles riches se
faisaient généralement un devoir.

Ainsi naquirent et prospérèrent presque tous les
établissemens hospitaliers qui, depuis l'ère chrétienne,
surgirent de toutes parts en Europe, y prirent un si
vaste développement, et donnèrent à cette partie du
monde un caractère d'humanité qui n'avait point eu
d'exemple, et qui n'a trouvé que beaucoup plus tard des
imitateurs (2); les religieux de la Charité eux-mêmes,
dont quelques uns avaient renoncé à tous les avantages

(1) Chaque lit était fondé moyennant une somme de dix mille
livres, et les fondateurs avaient naturellement le droit de
nommer les malades qui le devaient occuper. Lorsque les
familles fondatrices négligeaient leur droit, les frères de la Charité l'exerçaient en recevant d'autres pauvres qu'ils traitaient
aux frais des fondations. Il était rare que les lits de l'hôpital de
la Charité restassent vides.

(2) Les hôpitaux alors étaient considérés comme des institutions utiles. Aucune dissidence n'existait à cet égard; il semblait à tous que le malheur devait toujours être suivi de la charité.

D'autres idées prévalent aujourd'hui dans quelques esprits;
on publie, avec une assurance trompeuse et cruelle, que les
hôpitaux, au lieu de remplir leur destination sacrée, sont
un encouragement à la paresse, à l'imprévoyance, au relâche-
ment des liens de famille. Sans doute ces établissemens reçoivent quelquefois des malades que l'égoïsme, que la dureté de

de la naissance, à toutes les jouissances de la fortune pour se consacrer à servir les pauvres, ne crurent point faire assez en leur vouant leur personne, ils employèrent encore leurs richesses à l'agrandissement de

---

leurs proches y envoient, au lieu de les secourir, ou que leurs propres désordres y conduisent; mais ce n'est là qu'une exception, et peut-on dire que, sans l'hôpital, ces travers de l'esprit, ces vices du cœur n'auraient pas également existé? Ce qui est incontestable, c'est que les hôpitaux viennent en aide à une infinité de vrais malheureux qui, sans eux, périraient faute de secours. N'est-ce pas assez pour que nous conservions religieusement, et malgré ses défauts, le touchant ouvrage de nos pères? Que les esprits forts, à théories absolues, nous indiquent donc quelque chose d'humain qui n'ait son côté faible, ou que la rouille des abus n'atteigne pas, et nous condamnerons sans retour les hôpitaux!

Jusque-là qu'ils laissent la bienfaisance s'exercer, au lieu de se vouer au triste soin d'en étouffer les inspirations! qu'ils renoncent à de dures maximes qu'ils ne professent qu'en faisant violence aux sentimens généreux qui sont dans leurs propres cœurs, comme dans ceux de tous les hommes, et que de déplorables calculs ne parviendront pas certainement à éteindre. Il n'y a rien de mathématique dans l'humanité ni dans la société, et la rigueur des méthodes de cette science ne s'applique avec justesse qu'aux choses inertes.

Il serait sans doute désirable que la tempérance et le travail produisissent partout l'aisance, que chaque famille pût recueillir et soulager ceux de ses membres que la maladie, que la misère viennent frapper, nous le souhaitons ardemment; mais les vœux et les systèmes ne répandent pas la richesse, ne guérissent pas la souffrance, et nous n'osons pas espérer qu'on parvienne jamais à détruire entièrement la pauvreté. En attendant qu'il en soit ainsi, est-ce trop exiger que de dire : *Tolérez les hôpitaux!*

l'hôpital dont les lits furent aussi augmentés par leurs
fondations (1).

---

(1) C'est à la sollicitation des frères de la Charité, « si con-
« nus en France par la vigilance, le zèle, l'économie et le dé-
« vouement qu'ils emploient au service de l'humanité pauvre et
« souffrante, qu'est due la création de la Maison royale de
« Santé fondée près de l'Observatoire, en 1781, par le roi
« Louis XVI, pour les militaires et les ecclésiastiques malades.
« Ils avaient eu d'abord le projet de faire bâtir dans l'enceinte
« de leur maison, à Paris, une salle particulière où les ecclé-
« siastiques et les militaires pourraient avoir un asile séparé de
« celui des autres malades ; le Roi avait approuvé ce projet, et
« avait assuré les fonds nécessaires pour la dotation de 26 lits.
« Des prêtres et d'autres personnes de qualité avaient offert,
« pour en augmenter le nombre, d'ajouter quelques fonds aux
« bienfaits de S. M., mais on craignit de blesser la délicatesse
« des ecclésiastiques et des militaires, en les confondant dans
« un asile où le hasard amène toutes sortes de personnes. Par ce
« moyen, on acheta un terrain de trois arpens, au point culmi-
« nant du faubourg Saint-Jacques, ce point réunissant à toutes
« les ressources de la ville la salubrité de l'air et les agrémens
« de la campagne. »

A l'occasion de cet établissement l'abbé de Boismont pro-
nonça, dans l'église des religieux de la Charité, le 13 mars
1782, dans une assemblée extraordinaire de charité, un discours brillant où le charme du style le dispute à la force des
motifs qui réclamaient la fondation de ce bienfaisant asile. Ce
magnifique discours ne saurait être trop connu. (*Abrégé historique des Hôpitaux*, par l'abbé de Récalde.)

Cette maison est aujourd'hui destinée à recevoir des vieillards
infirmes. Elle a été long-temps connue sous le nom d'*Hospice de
Montrouge*. Depuis 1821, on l'a décorée du nom de *La Rochefoucauld*, et cette appellation est un acte de juste gratitude.
Parmi les personnes dont la générosité se signala pour la créa-

Nous le disons avec conviction, la véritable charité, la charité qui seule console en même temps qu'elle secourt, la seule qui assiste sans abaisser, qui égale l'obligé au bienfaiteur, la seule qui porte à une profonde abnégation, qui soit constante et durable comme le principe éternel dont elle émane, la seule enfin qui commande de s'immoler au soulagement de ses semblables, et qui place le bonheur dans le sacrifice même qu'elle inspire, n'est à nos yeux que dans la religion chrétienne; et si, pour le malheur du monde, cette religion cessait d'y régner un jour, que deviendraient les classes pauvres, dont l'avenir serait désormais privé du patronage divin qui les a arrachées à l'esclavage, et auquel s'appliquent merveilleusement ces belles paroles d'un écrivain célèbre, parlant d'un de ses illustres contemporains: « *L'humanité avait perdu ses titres ; la religion* « *chrétienne les lui a rendus* (1)? »

Placé dans un quartier spacieux, entouré de vastes jardins, situé sur une petite côte où régnait un air vif et pur, l'hôpital de la Charité dut être bientôt renommé par son extrême salubrité; il le fut encore par l'avantage qu'il présentait de donner un lit (2) à chaque

---

tion de cet hospice, madame la vicomtesse de La Rochefoucauld se fit particulièrement remarquer par ses dons. Cette dame fut un modèle de toutes les vertus. Sa vie entière fut consacrée aux bonnes œuvres. C'est une habitude dans cette respectable famille.

(1) Voltaire dit de Montesquieu : *Le genre humain avait perdu ses titres ; Montesquieu les a retrouvés, et les lui a rendus.*

(2) C'est à cette circonstance qu'il faut attribuer le placement exclusif des hydrophobes dans cette maison. Ailleurs on aurait été contraint de leur donner place dans un lit occupé déjà par d'autres personnes.

malade, tandis qu'à l'Hôtel-Dieu, le même lit servait à la fois à plusieurs personnes (1); il ne le fut pas moins

---

(1) Chacun sait quel fut l'état de l'Hôtel-Dieu; les lits y étaient entassés dans les salles, et les malades entassés dans les lits. Il y en avait souvent quatre, quelquefois six couchés ensemble. Les administrateurs de cet établissement le rappelaient eux-mêmes dans un Mémoire publié en 1767, et plus d'un siècle auparavant, en 1651, leurs prédécesseurs avaient consigné le même fait, dans un compte rendu de l'Hôtel-Dieu. On a même vu, dans quelques occasions extraordinaires, placer des malades au-dessus les uns des autres, par le moyen de matelas mis sur l'impériale, à laquelle on n'arrivait que par une échelle. La portion d'air que chacun avait à respirer était de 3 ou 4 mètres (1 toise et demie à 2 toises), et le malade aurait eu besoin d'en avoir 12 (voir les notes au bas des pages 28 et 65, ci-après), pour ne pas trouver un danger de plus dans l'atmosphère qui l'environnait. Il n'y a point d'exemple d'une pareille surcharge, disait Tenon, qui ajoute encore à ce que ce tableau a de triste et d'effrayant, que, dans plusieurs salles, on n'en avait pas même une toise cube. Cela n'était réellement ainsi que pour une de ces salles, et en y supposant six personnes par lit: on en avait de 1 à 2 toises à respirer dans quelques autres; 2 et un tiers dans une d'elles. L'Hôtel-Dieu de Lyon en offrait de 4 à 5 toises pour chaque malade. Nous verrons bientôt que l'hôpital de la Charité, à Paris, en offrait encore davantage.

La quantité d'air à respirer n'est pas le seul besoin du malade: il faut qu'il puisse s'étendre, se remuer, se retourner dans son lit; on ne peut refuser le faible soulagement d'un peu d'espace au malheureux qui souffre: 2 pieds au moins sont nécessaires. Les anciens malades de l'Hôtel-Dieu n'avaient chacun que 8 à 9 pouces de place. On y comptait alors 1219 lits, dont 733 grands, c'est-à-dire de 52 pouces de largeur, et 486 petits, c'est-à-dire de 3 pieds. Nous avons déjà remarqué que les premiers pouvaient recevoir six personnes; il devait y en

d'un autre côté, par la bonté des soins de toute sorte que les frères prodiguaient aux malades avec l'intelli-

---

avoir quatre dans les seconds : même, lorsqu'il n'y en avait que quatre dans les grands lits, ce n'était que 13 pouces par malade. Un inconvénient bien grand encore, était de faire coucher ensemble des personnes qui, même attaquées d'une maladie semblable, se tourmentaient mutuellement par leurs plaintes, par leurs cris, par les médicamens qu'elles prenaient, par tous les genres d'inquiétudes et de besoins que les malades peuvent avoir, et aussi par les divers caractères du mal, par sa différente gravité. Le même lit renfermait souvent deux femmes sur le point d'accoucher, une saine, une qui ne l'était pas : un agonisant y expirait à côté de celui qui allait être convalescent. On peut imaginer, dit Bailly, dans son premier rapport sur les hôpitaux, ce que, au milieu de l'entassement des étages, des salles et des malades, doit produire l'association de toutes ces maladies dans le même lieu; tout ce qui résulte, pour répandre la contagion, d'un air infecté par des fièvres contagieuses ; des latrines communes et à ceux qui ont des dyssenteries contagieuses et à ceux qui n'en sont point attaqués ; de l'échange des draps, des chemises, le plus souvent mal lessivées ; des linges que l'on chauffe en grand nombre, et qui, retirés d'un malade, sont portés à un autre ; des pots à boire, rincés à la hâte, et qui, dans la distribution, passent d'un malade galeux à un qui ne l'est pas. Un malade arrivant est souvent placé dans le lit et dans les draps d'un galeux qui vient de mourir.... A l'Hôtel-Dieu l'espace manque à tous les besoins ; et si un malade, devenu convalescent, échappe à cette suite de dangers, les hardes qu'on lui rend sortent d'un magasin commun où tout est confondu comme dans les salles : ces hardes ont pu se charger de la contagion ; elles la lui communiqueront au sortir de l'hôpital. (De Pastoret : *Rapport fait au conseil général des hôpitaux en* 1816, pages 11 et suivantes.)

En remontant vers l'origine de l'Hôtel-Dieu, on voit que la population ancienne de cet établissement ne fut jamais calculée

gence que devait leur donner une éducation spéciale, exclusive, et un dévouement qu'on ne peut puiser à

---

sur l'étendue de ses bâtimens ou le nombre de ses lits. Cette maison, sans cesse ouverte non seulement à tous les pauvres atteints de maladies, mais encore à ceux que la faim et le besoin d'un asile y conduisaient, se trouvait constamment surchargée de monde. Aussi, pendant les onze premiers siècles de son existence, la plus petite cause de maladie parmi le peuple lui a-t-elle donné aussitôt une foule d'individus, que l'on a peine à concevoir en se rendant compte des lieux qu'elle occupait. L'Hôtel-Dieu, dans les années calamiteuses, était un gouffre de misères, où les pauvres venaient s'entasser et rendre le dernier soupir, plutôt que recevoir du soulagement à leurs maux. Souvent, dans la saison d'hiver, cet hôpital présentait un effectif qui se soutenait entre 3 et 4,000 malades. Il y a eu des années où la population de l'Hôtel-Dieu n'avait point de bornes : on assure qu'en 1693, on fut forcé de coucher douze et quinze pauvres dans un même lit. Si le fait est exact, on peut supposer que le nombre était au moins de 10,000. On rapporte encore qu'en 1709, où l'hiver fut si rigoureux, la population de cet hôpital était montée à plus de 9,000 individus.

Le total général des lits s'élevait alors au plus à 1,000, dont 600 grands et 400 petits : en divisant la surface qu'ils présentaient par le nombre des malades en temps de presse, on trouve que chaque personne, l'impériale comprise comme supplément, pouvait avoir 9 pouces du matelas et 1 toise et demie d'air. La différence est grande entre un lit de 3 pieds et 12 * toises cubes d'air qu'il eût fallu donner à chaque malade pour le placer con-

---

* La quantité de 12 toises cubes d'air demandée dans le rapport que nous citons nous paraît bien considérable ; si l'on pouvait la donner ce ne serait du reste qu'un bien ; ce serait une heureuse abondance. Mais s'agit-il de cela ? Quand on est si loin du nécessaire, faut-il réclamer du superflu ? Tous les auteurs qui se sont occupés de ce sujet pensent que 7 ou 8 toises d'air sont suffisantes pour chaque malade. (Voir les *Mémoires de Tenon.* Voir la note, page 65 , ci-après.)

ce degré qu'à des sources religieuses. Mais il le fut
surtout par la juste réputation que lui valurent les
hommes habiles qui se livrèrent, dans cette maison
plus particulièrement qu'ailleurs, à la pratique d'une
des opérations les plus graves de la chirurgie, l'opération
de la taille. Chacun sait que Jacques de Beaulieu, dit le
frère Jacques (1), qui fit à la Charité de nombreuses

---

venablement. (Desportes, 1823 : *Notice historique sur l'Hôtel-
Dieu*, page 11.)

Ajoutons qu'indépendamment des divers étages dont les lits
étaient composés, on avait établi des tiroirs sous les lits ; que la
nuit venue, ces tiroirs étaient ouverts et remplissaient tous les
passages, de sorte que les salles ne formaient en quelque façon
qu'un vaste lit, et que tout accès y devenait impossible. Cela
paraît purement imaginaire.

(1) Jacques de Beaulieu naquit en 1651, en Franche-Comté.
Ses parens, très pauvres, lui firent pourtant apprendre à lire et
à écrire. Ce fut toute son éducation. A seize ans, il quitta la
maison paternelle et s'engagea. Dans son régiment, il eut occasion de connaître un empirique qui courait les campagnes faisant l'opération de la taille. Ayant obtenu son congé à vingt-un
ans, Jacques Beaulieu le suivit pendant cinq ou six ans, et ne
voulant pas l'accompagner à Venise, il se trouva abandonné à
lui-même. Il essaya de faire les opérations qu'il avait vu pra-
tiquer à son maître, et exerça son art pendant huit ou dix ans,
habillé comme tout le monde. En 1690 ou 1691, il commença
à porter un habit monacal qui ne ressemblait à celui d'aucun des
ordres religieux connus, et prit alors le nom de frère Jacques.
Il paraissait honnête homme, avait de la piété, un air de sim-
plicité capable de séduire, et un désintéressement dont il avait
donné des preuves singulières. Ferme dans ses opérations, dit
Méry, il avait la main assurée, et il eût été difficile de trouver
un opérateur plus hardi. Mais tous ceux qui ont parlé de lui
conviennent qu'il ignorait absolument l'anatomie et les règles

opérations, bien que dépourvu de toute science et guidé par son seul instinct, acquit une réputation européenne par le bonheur de sa pratique; que Jean Baseilhac dit le *frère Cosme* (1), qui fit de l'hôpital le théâtre de ses

---

de l'art. Peut-être sa tranquillité dans l'opération venait-elle de ce qu'il n'en connaissait point le danger. Il ne regardait pas comme une chose nécessaire de préparer les malades, et taillait dès qu'il les trouvait disposés à souffrir l'opération. Lorsqu'elle était faite, il leur disait ordinairement : *Votre opération est faite, Dieu vous guérisse*, et il laissait à d'autres le soin de les panser.

Sa réputation fut telle que le maréchal de Lorges se mit entre les mains de frère Jacques, après avoir toutefois constaté l'habileté de l'opérateur en recevant dans son propre hôtel vingt-deux pauvres attaqués de la pierre, et qu'il fit tailler devant lui. Les pauvres guérirent tous, et le maréchal, dont la vessie était fort malade, et qui avait plusieurs pierres dont l'extraction exigea un travail long et pénible, mourut le lendemain de l'opération.

Frère Jacques, appelé à Amsterdam, y fit des cures qui répandirent son nom dans toute la Hollande. Les magistrats lui en marquèrent leur reconnaissance, en faisant graver son portrait. Le même honneur lui fut déféré à La Haye, et la ville lui offrit en outre deux sondes d'or. Une médaille d'or lui fut donnée à Bruxelles. Frère Jacques, las de travailler, parvenu à soixante ans, mourut à Besançon, sa patrie, en 1714. (Voir *Traité des Maladies chirurgicales*, par le baron Boyer, tome IX, pages 339 et suivantes.)

(1) Jean Baseilhac, dit le frère Cosme, né en 1703 dans le diocèse de Tarbes, était fils et petit-fils de chirurgien. En ouvrant les yeux, tout autour de lui, parlait d'un art qu'il apprit ainsi dès son enfance. Le désir de s'instruire le conduisit à Lyon, puis à Paris. Le jeune Baseilhac s'y partagea entre l'étude et la pratique. Admis à l'Hôtel-Dieu, on admira son assiduité, son zèle, la pureté de ses mœurs. L'évêque de

principaux succès, est l'inventeur d'un des instrumens les plus ingénieux de la mécanique chirurgicale,
et que l'habileté pratique de ces deux hommes ne le
cédait en rien aux qualités du cœur et de l'esprit qui
les avait voués aux bonnes œuvres et à l'étude d'une

Bayeux, édifié de sa conduite, le prit chez lui comme son chirurgien ordinaire. La mort lui enleva ce protecteur en 1728.
L'affliction que lui causa cette perte, et sa profonde piété, le
déterminèrent à embrasser la vie monastique. Il entra dans
l'ordre des Feuillans. Dans ce nouveau genre de vie, le frère
Cosme secourut un grand nombre de pauvres, que son habileté
attirait même des provinces les plus éloignées. Parmi ces malheureux, beaucoup étaient affectés d'infirmités, suite de la taille
pratiquée par le grand appareil. Ses méditations, ses observations l'avaient convaincu de l'excellence de la taille latérale;
mais les dangers de ce procédé l'y avaient fait renoncer. Il imagina alors le lithotome caché, qui devait prévenir tous les inconvéniens, et dont l'essai fut couronné du plus heureux succès. Aussitôt s'élevèrent d'amères critiques; le frère Cosme y
répondit par de nouvelles cures, et ses ennemis ne firent ainsi
qu'assurer sa gloire. La taille était l'opération à laquelle le
frère Cosme s'était particulièrement appliqué; il acquit une telle
dextérité, qu'il était réputé un des premiers lithotomistes de
France. Les riches admiraient son désintéressement, et le ré-
compensaient avec générosité. Ce fut du produit de leur reconnaissance qu'il établit, en 1753, et soutint jusqu'à sa mort, un
hospice où les pauvres étaient gratuitement admis, opérés et
servis jusqu'à leur convalescence. Le frère Cosme avait le génie
vraiment chirurgical. Il a inventé plus de vingt instrumens, et
en a perfectionné beaucoup d'autres. Ce philanthrope, rude au
premier abord, spirituel dans la répartie, eut des amis parmi les
savans les plus distingués. Une affection catarrhale l'emporta le
8 juillet 1781. Il fut regretté de tous ceux qui l'avaient connu,
et surtout des pauvres, dont il était depuis long-temps le père.
(Extrait de la *Biographie* de Michaud.)

science enrichie par le dernier de nombreuses décou-
vertes. Nous pourrions encore citer Maréchal, dont le
désintéressement égalait la science et le talent (1). Ces
illustrations ne furent pas les seules dont s'honora l'hôpital; d'autres célébrités s'y produisirent plus tard avec
des succès qui, bien qu'appartenant à un autre ordre,
ne jetèrent pas moins d'éclat, ne furent pas moins solides, ne méritent pas moins nos hommages. Nous ne
les oublierons pas quand nous atteindrons l'époque où
leurs utiles travaux les signalèrent à l'estime de leurs
confrères et à l'attention du pays.

Il ne nous a pas été possible de savoir par quel
architecte a été construit l'établissement, et, bien que
sous de nombreux rapports son ouvrage soit impar-
fait, quelques unes de ses dispositions sont pourtant
satisfaisantes, et nous aurions été charmé de pouvoir
rappeler son nom avec les éloges dont il est digne.

Le seul plan que nous ayons trouvé (2) représente
l'hôpital de la Charité se composant de six grandes

(1) Appelé à Versailles pour être consulté sur une maladie de
Louis XIV, loin de profiter de cette occasion pour sa fortune, il
revint simplement dans la capitale après avoir donné son avis.
Il succéda plus tard à Félix dans sa charge de premier chirurgien du roi. Ayant fait l'ouverture d'un abcès au foie à Le Blanc,
ministre de la guerre, Morand, alors très jeune, lui indiqua
l'endroit à inciser; et ce n'était pas là qu'il avait d'abord porté
le bistouri. Le ministre rétabli dit, dans un repas où étaient
Maréchal et Morand, en s'adressant au premier : « C'est vous
à qui je dois la vie. — Vous vous trompez, monseigneur, répondit Maréchal : c'est à ce jeune homme (montrant Morand); car,
sans lui, vous seriez mort. »

(2) *Mémoires de Tenon*, p. 26.

salles de malades, toutes placées au premier étage du bâtiment.

Le rez-de-chaussée, voûté, et qui est lui-même placé en partie sur des caves, renfermait la cuisine, le réfectoire, la dépense, la lingerie, un séchoir d'hiver pour le linge, le vestiaire ou dépôt des hardes appartenant aux malades, la pharmacie, l'essangeoir du linge sale, le lieu réservé aux études anatomiques, etc., etc.

Le second étage était occupé par les frères de la Charité, par les novices, les domestiques. Les greniers servaient de magasin pour le blé, les farines, etc..... Il y avait une boulangerie pour le service particulier de l'établissement.

La plus étendue des salles, celle de Saint-Louis, qui contenait 80 et quelques lits, était remplie par des fiévreux ordinaires.

La salle Saint-Michel, embranchée sur celle-ci, servait à des fiévreux et à des convalescens, et renfermait 17 lits, bien que sa dimension permît d'y en placer un plus grand nombre; mais les fondations ne s'étendaient pas au-delà.

La troisième salle, celle de Saint-Augustin, qui n'est pour ainsi dire qu'une prolongation de la salle Saint-Louis, contenait 29 lits de convalescens.

La quatrième salle, dite de la Vierge, destinée aux maladies chirurgicales les plus ordinaires, renfermait 34 lits.

La cinquième salle, celle Saint-Raphaël, était consacrée aux maladies chirurgicales les plus graves, surtout aux taillés; on y trouvait 15 lits.

La sixième et dernière était la salle Saint-Jean, pour

les fièvres putrides et les fièvres malignes; on y comptait 24 lits.

Toutes ces salles communiquaient entre elles, et celles
de la Vierge, de Saint-Jean, de Saint-Michel, de Saint-
Louis, se réunissaient sous la forme d'un carré, ce qui
rendait le service commode, prompt, et facilitait les
sorties en cas d'incendie. La salle des convalescens
était dallée; quelques unes l'étaient seulement sous les
lits; les autres étaient carrelées.

Les poutres et les solives étaient apparentes, excepté
dans la salle Saint-Michel, qui est la dernière qu'on ait
construite et qu'on a plafonnée. Les croisées étaient
pratiquées à une très grande élévation du sol.

L'hôpital renfermait une école d'anatomie, un petit jardin botanique, un cabinet d'histoire naturelle.

On y donnait des consultations gratuites, on faisait
des pansemens, et on distribuait quelques remèdes aux
malades qui ne demandaient pas à être admis, ou qui ne
pouvaient pas l'être dans l'établissement.

On entrait dans l'hôpital par la rue des Saints-Pères,
deux ou trois maisons au-dessous du point où se trouve
aujourd'hui le péristyle de la Clinique. L'entrée a été
reportée depuis dans la rue Jacob.

Tel était l'état des bâtimens de cette maison, au
moment où parurent les Mémoires de Tenon, c'est-à-
dire en 1788.

On ne peut, certes, qu'applaudir à l'excellente idée
de ne placer des malades qu'au premier étage du bâtiment; de n'avoir établi aucun lit au rez-de-chaussée;
d'avoir, pour la facilité du service, mis toutes les salles
en communication. Il faut dire, toutefois, que l'a-
vantage d'une telle distribution n'aurait pas dû l'em-

porter sur les inconvéniens graves qu'entraîne pour les *blessés* le voisinage des *fiévreux;* car il est prouvé, par des observations répétées, que ce voisinage est funeste, que les maladies chirurgicales en sont aggravées, qu'elles guérissent plus lentement, qu'il survient des symptômes qu'il est impossible de prévoir, que souvent elles résistent à tout traitement, que la gangrène se met aux plaies les plus simples, que les ulcères deviennent malins; enfin, que toutes les maladies externes, qui d'ailleurs ne demanderaient pas beaucoup de temps pour être guéries, prennent dans cette atmosphère un mauvais caractère, devant lequel viennent échouer souvent toutes les ressources de l'art. Il est fâcheux que, pour un bien d'une importance secondaire, on ait ainsi sacrifié un des principes fondamentaux qui doivent présider à la construction de tout hôpital, celui qui prescrit le classement, la séparation des maladies, surtout la séparation la plus absolue entre les services de médecine et les services de chirurgie.

Nous insistons sur ce point, afin que, dans l'étude des projets que l'on peut former pour la création de nouveaux hôpitaux, l'attention soit appelée sur une des conditions les plus indispensables pour assurer leur salubrité. Il en est une autre qui n'est pas non plus sans quelque valeur, et qui est relative au sol des salles. Un homme de bien, un homme que sa science comme son humanité recommandent à notre estime et à notre gratitude, dont l'avis fait autorité dans les questions qui touchent aux hôpitaux, qui mérite sous tant de rapports sa réputation, auquel enfin les hôpitaux sont redevables de leur régénération, M. Tenon, regarde le dallage des salles comme un avantage qui permet de les laver. Quel-

que respect que nous portions à cet auteur, nous ne parta-
geons aucunement son opinion à cet égard. Sans doute
le lavage n'a point, dans un hôpital placé sur des voûtes,
l'inconvénient de pourrir les bois, et d'abréger la durée
des constructions, en attaquant les poutres, surtout
dans leur portée; il en a un bien plus grave encore,
c'est de placer les malades dans une atmosphère humide dont on ne saurait, avec quelque soin que l'on
procède, éviter les déplorables effets. Les dalles ensuite
rendent dans l'hiver une espèce de transsudation à laquelle, dit encore M. Tenon, on peut aisément remédier avec des poëles. Sans doute; mais ici se repro-
duit, à un moindre degré il est vrai, ce qu'a de fâcheux
le lavage. Ajoutons, enfin, que dans tous les temps la
pierre entretient un froid nuisible, et que les malades
qui se lèvent, d'ordinaire insoucians, mal avisés, peu
soigneux d'eux-mêmes, mettent leurs pieds nus,
chauds, en sueur, sur le sol, et sont ainsi exposés à des
répercussions, dans tous les cas dangereuses, mais qui
le sont plus particulièrement encore pour des personnes
affaiblies par la maladie, et par là plus accessibles à
toutes les impressions. Le carreau n'offre pas des conditions plus satisfaisantes; il réclame en outre de fréquentes réparations, entretient la poussière et la malpropreté, par la multiplicité de ses joints, et nous
n'hésitons pas davantage à le proscrire. Des salles de
malades, établies de nos jours, ne peuvent avoir qu'un
sol en parquet. Nous ne pouvons pas dissimuler que la
dépense première ne soit plus élevée que celle du carre-
lage, peut-être est-elle moindre que celles des dalles ;
mais dans tous les cas nous croyons qu'en définitive,
et dans un long espace de temps, le parquet est peut-

être ce qu'il y a de moins cher, par les réparations dont il dispense, et par la longueur de sa durée.

Excepté dans la salle Saint-Michel, dont la construction était en 1789 la plus récente, on a laissé les bois découverts dans les planchers. La conservation des bois gagne certainement à cette méthode ; mais la propreté, la salubrité des salles y perdent ; l'air est arrêté par les saillies des poutres ou des solives, il pénètre mal dans leurs intervalles, tandis qu'il glisse aisément sur la surface unie des plafonds, qui s'opposent d'un autre côté à la conservation des insectes auxquels les planchers apparens offrent des asiles inexpugnables.

La ventilation convenable, dans un hôpital où l'air est vicié par tant de causes et où sa pureté serait plus que partout ailleurs nécessaire, est un problème fort difficile à résoudre : d'une part, il faut que l'air soit très souvent renouvelé ; de l'autre, il faut garantir les malades contre son brusque contact, et ces deux conditions sont difficiles à obtenir, à concilier. Pour ne rien laisser à désirer, il serait nécessaire d'avoir des salles supplémentaires, pour ainsi dire, dans lesquelles on pût transférer les malades pendant qu'on ouvrirait les croisées dans les salles ordinaires. Peut-être un jour aura-t-on recours à ce moyen, qui ne serait pas lui-même sans difficulté, l'état des malades pouvant quelquefois en rendre l'emploi dangereux.

Aujourd'hui, où bien souvent les localités sont insuffisantes pour satisfaire aux besoins de la misère publique, il ne peut être mis en usage. L'air n'est donc renouvelé dans les salles que par l'ouverture des croisées, et l'on ne peut prendre d'autres précautions que

de fermer le mieux possible les rideaux des lits, que
d'ouvrir alternativement les croisées les unes après les
autres, que de condamner à l'immobilité celles qui
sont à côté des individus gravement malades, ou qui
les avoisinent de trop près. Nous avons dit, tout à
l'heure, que les croisées de l'hôpital de la Charité
étaient percées très haut, c'est-à-dire fort loin du sol,
elles en sont à 9 pieds ; c'est un vice, et nous sommes
porté à croire qu'elles ont été ainsi faites pour obvier
en partie aux inconvéniens que nous venons de signa-
ler (1). On aura sans doute pensé qu'on évitait par-là les

---

(1) Il ne s'agit ici que du premier étage des bâtimens de la
Charité, qui seuls contenaient des malades à cette époque. Le
deuxième étage, destiné aux frères et aux serviteurs, avait des
croisées ordinaires, c'est-à-dire à deux pieds du sol environ.
Depuis, cette partie supérieure de l'édifice a été considérablement agrandie, et les salles même ont été faites d'après des idées
tout opposées à celles qui, suivant nos suppositions, présidèrent
aux premières constructions. Les croisées, ainsi qu'on le peut voir
dans la vaste salle Saint-Vincent, dans la salle Sainte-Marthe,
prennent naissance à 6 pouces du plancher. Nous croyons que
c'est un bien ; mais elles ont à nos yeux un défaut contraire à
celui des salles qui sont au-dessous, et ce défaut a été com-
mandé par la forme qu'on a donnée au plafond, celle d'une
voûte surbaissée, celle d'une anse de panier. Cette forme est la
meilleure qu'on puisse adopter pour la parfaite circulation de
l'air, pour la conservation de la propreté. Là aucun angle, aucun
enfoncement, et le plafond serait lisse et uni comme le ciel, si
la nécessité de conserver les anciennes charpentes n'avait donné
lieu au placement d'arêtes qui coupent les salles en travers, ce
que nous considérons comme un léger inconvénient. Pour ne
pas entamer cette voûte, pour éviter les pénétrations qui auraient produit, tant au dedans qu'au dehors, un mauvais effet,

coups d'air qui auraient frappé les lits, si l'on eût prati-
qué de plus grandes ouvertures, si on les eût fait descendre, sinon jusqu'au sol, du moins près de son
niveau. Le but qu'on s'était proposé, suivant notre supposition, ne nous semble pas atteint, et peut-être vaut-
il mieux encore introduire l'air dans les salles par de
larges ouvertures, que d'établir, en rétrécissant les is-
sues, des courans d'autant plus nuisibles qu'ils ont plus
de rapidité. Disons de plus que les gaz, que leur pesan-
teur retient dans les parties inférieures, ne peuvent en
être expulsés.

Nous ajouterons qu'au fond de l'établissement se
trouvait une chapelle, nous pourrions dire une église,
dans laquelle de tous les points de l'hôpital on arrivait à couvert, en traversant les salles des malades.
Quelques bons tableaux la décoraient; on y remarquait
aussi le tombeau d'un de ces hommes rares en tous
temps, et dont bientôt nous n'aurons guère que le sou-

---

les croisées se sont arrêtées à la naissance du cintre, et il résulte de là qu'elles ne sont pas assez hautes, que le jour vient
principalement d'en bas, et que la partie supérieure des salles n'est
éclairée et aérée qu'imparfaitement. Pour remédier au plus grand
de ces deux inconvéniens, celui de la ventilation, on avait pra-
tiqué des ouvertures au point culminant de la voûte, il a fallu
les fermer; outre que le jeu des châssis ventilateurs placés hori-
zontalement était fort difficile, beaucoup de poussière s'amonce-
lait sur leur surface, la pluie même s'y arrêtait, et le tout tom-
bait dans les salles à chaque mouvement. Ce qui était plus
fâcheux encore, c'est l'extrême refroidissement que ces ouvertures occasionnaient, et dans des localités où tant de causes abais-
sent pendant l'hiver la température, on ne saurait mettre trop
de soin à éviter ce qui tend vers ce résultat.

venir, d'un saint ecclésiastique, de Claude Bernard, que sa bienfaisance a illustré, et sur la mémoire duquel nous nous faisons un pieux devoir de rappeler la vénération, dont il fut l'objet pendant sa vie, et que lui méritèrent si bien les actes de son sublime et constant dévouement à l'humanité (1). Cette église, qui était ré-

(1) Ce héros de la charité, appelé communément le pauvre Prêtre ou le père Bernard, naquit à Dijon, d'une famille noble, en 1558. Pierre le Camus, évêque de Belley, voulut lui persuader d'entrer dans l'état ecclésiastique; Bernard lui répondit : *Je suis un cadet qui n'ai rien; il n'y a presque point de bénéfices en cette province qui soient en la nomination du roi : pauvre pour pauvre, j'aime mieux être un pauvre gentilhomme qu'un pauvre prêtre.*

Il ne laissa pourtant pas de suivre le conseil de l'évêque de Belley. Il vécut quelque temps en ecclésiastique mondain; mais Dieu l'ayant touché, il renonça au monde, résigna le seul bénéfice qu'il eût, et se consacra à la pauvreté et au service des pauvres. Il se dépouilla pour eux d'un héritage de près de quatre cent mille livres. Le cardinal de Richelieu l'ayant nommé à une abbaye du diocèse de Soissons, il ne voulut pas l'accepter. « Quelle apparence, écrivit-il à ce cardinal, que j'ôte le pain de la bouche des pauvres de Soissons pour le donner à ceux de Paris ! » Il assistait les criminels au supplice, et ne les quittait qu'au dernier soupir. Le cardinal de Richelieu, qui avait pour lui une grande estime, l'ayant fait appeler, lui demanda s'il désirait obtenir quelque grâce. Le bon ecclésiastique lui répondit : *Oui, monseigneur; je prierai votre éminence de vouloir bien donner des ordres pour faire raccommoder la charrette dans laquelle je conduis les criminels au supplice. Elle est si mauvaise, que j'ai failli deux ou trois fois me rompre le cou.*

Il mourut au retour d'une de ces exécutions le 25 mars 1641, à cinquante-quatre ans. La statue de cet homme de bien, faite en terre cuite, et peinte par Antoine Benoist, était, dit-on,

gulière et assez belle, avait été ornée en 1733 d'un portail, construit sur les dessins de Decotte, célèbre architecte du grand siècle (1), et auquel nous devons, outre d'autres beaux et bons travaux, le magnifique dôme des Invalides et l'usage de mettre des glaces au-dessus des chambranles des cheminées.

Dévastée pendant la révolution, cette église a reçu une destination nouvelle, dont nous dirons tout à l'heure le but, l'utilité, les inconvéniens.

En même temps que ce temple était profané au nom du peuple, en même temps qu'on renversait le tombeau de l'un des hommes qui avaient le plus de droits à sa gratitude par ses bienfaits, on arrachait des salles de l'hôpital les tableaux dont elles étaient décorées, et parmi lesquels se trouvaient un Saint-Louis qui panse un blessé, un Christ, un saint Jean prêchant dans le désert, un saint Jean-de-Dieu, par Jouvenet, une Femme qui représente la Charité, et qui est un des premiers

---

fort ressemblante. Ce saint prêtre avait l'esprit vif, l'imagination forte, l'humeur enjouée. Sa conversation plaisait aux grands, et il ménageait leur protection pour avoir plus d'occasions d'être utile aux petits et surtout aux pauvres. Lorsqu'il allait à la cour, il disait hardiment la vérité, mais d'une manière si agréable et avec tant de franchise qu'il excitait toujours la sympathie et le respect. Sollicitant un jour un grand seigneur en faveur d'un malheureux qui avait encouru sa disgrâce, il en reçut un soufflet. Bernard tendit l'autre joue : « Donnez-m'en deux, dit-il, mais accordez-moi ma demande. » C'est à lui qu'on doit l'établissement du séminaire des Trente-Trois, à Paris. (Voir *Dictionnaire historique* de Chaudon et Delandine; *Dictionnaire de Paris*, par Roquefort.)

(1) Decotte naquit à Paris, en 1657, et y mourut en 1735, aussi regretté pour ses talens que pour ses mœurs et son caractère.

ouvrages de Lebrun (1). C'était pourtant une pieuse et touchante idée que celle de placer sous les yeux des malheureux de tels sujets, de tels souvenirs, et l'on doit plaindre l'égarement qui proscrivait des images dans lesquelles les pauvres malades trouvaient à la fois des exemples de vertu et des motifs d'espérance et de consolation.

A la même époque, l'hôpital perdit son nom auquel on substitua celui d'*Hospice de l'Unité.*

Après avoir examiné ce qu'était l'hôpital avant la révolution, voyons ce qu'il est devenu depuis.

Lorsque les ordres monastiques (13 février 1790), furent supprimés en France, les frères de Saint-Jean-de-Dieu disparurent, et l'hôpital fut desservi par des serviteurs à gages (2); c'était un fâcheux changement (3), mais ce n'était pas le seul qu'on

---

(1) En fouillant, il y a peu de temps, le garde-meuble de l'hôpital, on a découvert les portraits de quelques uns des frères supérieurs de la Charité qui ont été chargés de sa direction, et l'idée s'est produite au conseil général des hospices, de les exposer aux regards et aux respects des malades. La proposition a été adoptée unanimement, mais elle n'a point encore, nous le regrettons, été mise à exécution.

(2) Quelques frères, cependant, ne purent renoncer à leur vocation, et se mêlèrent parmi eux en séculiers. Un de ces bons et respectables charitains, M. Turquie, est même devenu chef de l'hôpital, qu'il a dirigé avec bonté et d'une manière honorable pendant de longues années.

(3) Les frères de Saint-Jean-de-Dieu soignaient, comme nous l'avons déjà dit, personnellement les malades. La vocation qui les portait à cette œuvre offrait de leurs soins une garantie que rien ne peut suppléer. Engagés pour toute leur vie, ils acquéraient une grande expérience. Patiens, doux, affectueux, ces

lui réservait; il en éprouva bien d'autres. Il passa,
comme tous les hôpitaux, sous le régime des en-

---

qualités étaient soutenues chez eux par la pensée qui leur avait
donné naissance, par la perspective des récompenses que Dieu
réservait à leur dévouement. La religion, qui les consacrait à
l'humanité, dissipait à leurs yeux toutes les fatigues, toutes les
tristesses, tous les dégoûts de leur état. L'amour du prochain,
l'amour de Dieu, seules passions de la vie des frères, passions
paisibles et douces, se fortifiaient dans leurs âmes de l'exclusion
qu'ils avaient donnée aux affections inquiètes, aux mouvemens
impétueux qui agitent et dispersent l'existence des gens du
monde. Les frères faisaient un noviciat pendant lequel ils étaient
à portée d'apprendre la pharmacie, la chirurgie, la médecine.
On ne peut s'empêcher de regretter, quelles que soient aujour-
d'hui nos idées sur les ordres monastiques, on ne peut s'empêcher de regretter, dis-je, de tels serviteurs des pauvres; jamais
ils ne seront remplacés : mais il serait désirable qu'on adoptât des
dispositions qui pussent procurer aux malades, si ce n'est l'ensemble, au moins une partie des avantages qu'ils trouvaient en eux.

La composition des gens de service dans les hôpitaux est
maintenant déplorable, et il ne peut en être autrement. Pris
dans toutes les classes, conduits à ce métier par la misère, mal
payés, changeant sans cesse, admis sans aucune notion de leurs
devoirs; pressés, on le conçoit, d'abandonner une semblable
condition, ils quittent, d'ordinaire, les hôpitaux dès qu'ils ont
appris ce qui les y pourrait rendre utiles. Endurcis par leurs
propres besoins, sans attachement pour des fonctions qui ne
permettent aucun repos, qui n'offrent aucune chance de bien-
être, peu soucieux qu'on les conserve ou qu'on les renvoie,
tous les profits leur sont bons, et ils recourent bien souvent à
des fraudes, à des exactions que toute la surveillance de l'administration ne peut ni prévoir ni arrêter.

Les hôpitaux jouissaient, avant la révolution, de priviléges
nombreux et de toute sorte. On croyait ne pouvoir jamais trop
faire pour les pauvres. Peut-être les intentions valaient-elles
mieux que les mesures qu'on prenait à leur égard. Nous ne
l'examinons pas. Mais enfin, exemption de presque tous les

treprises. Par une heureuse exception, il n'y de-
meura que jusqu'en 1802, tandis que ce mode dé-

droits fiscaux, attribution de la plupart des amendes, impôts à
leur profit, droits de loterie et de quête, *droits d'indulgen-
ces*, droit de placer des troncs dans les églises, etc., etc. On
n'en finirait pas si l'on voulait énumérer tous les droits particuliers qui leur étaient accordés. Nous en dirons quelque chose à
mesure que nous tracerons l'histoire de chaque établissement,
en nous arrêtant seulement sur les plus singuliers de ces droits.

L'hôpital de la Charité, par exemple, était autorisé à faire
porter à ses domestiques la livrée du Roi. Par quel motif avait-
on pensé à couvrir ainsi de vêtemens semblables et les humbles
serviteurs des pauvres et les serviteurs du palais ? Un mouvement
bienveillant inspira sans doute cette disposition. Nous croyons
qu'on voulut par là relever le service de l'hôpital, exciter à s'y
consacrer, diminuer l'éloignement naturel pour des devoirs toujours fort pénibles, et qui parfois exciteraient de la répugnance,
si l'on se bornait à les remplir comme un métier et sans être
animé par ce sentiment de charité, par ce pieux amour du prochain qui ennoblit les soins les plus abjects que l'on donne aux
pauvres, et qui rend si dignes d'estime, qui honore si profondément ceux qui s'y vouent.

Les frères de la Charité étaient dans l'hôpital, en 1786, au
nombre de 50. Il y avait en outre :

2 aumôniers,
1 médecin,
1 chirurgien-major,
1 chirurgien gagnant maîtrise,
6 élèves en chirurgie,
4 garçons d'infirmeries pour gros ouvrages,
37 différens serviteurs, comme sacristains, garçons,
de pharmacie, tapissiers, tailleurs, menuisiers,
serruriers, boulangers, cuisinier, suisse, portier,
garçon de basse-cour, emballeurs, femmes de la
sécherie.

Total. 102

On ne s'expliquerait pas la présence de tant de personnes,

sastreux d'administration fut continué pour les autres
hôpitaux pendant dix-huit mois encore, à partir de cette

pour 200 malades, si nous ne disions que l'hôpital de la Charité était le chef-lieu de l'Ordre et le seul noviciat des 32 maisons que les frères de la Charité avaient dans le royaume, et des
5 autres établissemens qu'ils possédaient dans les îles françaises
de l'Amérique. Il faut ajouter encore que l'Ordre n'était composé
que de 250 sujets, et que les frères de la Charité de Paris admi-
nistraient, non seulement leur hôpital, mais qu'ils préparaient
encore les médicamens pour la plupart de leurs autres maisons,
dont ils faisaient aussi les affaires relatives à la capitale. On ne
comprendrait pas, sans ces détails, qu'il y ait eu dans cette
maison un serviteur pour deux malades.

La proportion fixée par les réglemens intervenus postérieure-
ment établit qu'un serviteur suffit pour 12 malades.

Il y a aujourd'hui, à la Charité :

  20 sœurs de Saint-Vincent-de-Paule,
   4 employés,
   2 aumôniers,
   5 médecins,
   2 chirurgiens,
   1 pharmacien,
   7 élèves internes en médecine et chirurgie,
   6 élèves en pharmacie,
  50 gens de service.

Total. 97

Ce qui fait, en divisant par ce nombre celui des malades,
1 serviteur par 4 $\frac{1}{3}$; car la population des malades est de 420 individus environ ; on ne comprendrait pas mieux la nouvelle
proportion si éloignée de la fixation du réglement.

Mais, pour être exact ici comme dans le calcul précédent, il
ne faudrait pas diviser par le total des personnes attachées à
l'hôpital comme nous l'avons fait, mais seulement par le
nombre des serviteurs et des sœurs attachés au service direct de
la personne des malades, et dont une partie sont occupés à des

époque (1). Le système des entreprises avait ici porté ses fruits comme dans toutes les autres maisons de

---

services généraux, tels que la lingerie, la cuisine, etc. , etc. Les serviteurs immédiats des malades sont au nombre de

18 sœurs attachées aux salles,
14 infirmiers,
16 infirmières.

Total.   48

ou bien un serviteur pour 10 malades environ.

L'amélioration du personnel des gens de service dans les hôpitaux nous semble un des points principaux dont l'administration ait à s'occuper. Nous avons nous-mêmes cherché ce qu'il conviendrait de faire pour arriver à ce résultat, et nous consignerons nos idées à ce sujet, ou à la suite de cette Notice, ou dans une des Notices que nous nous proposons de publier sur chacun des établissemens hospitaliers de Paris.

(1) Ce système consistait à payer une somme de X par journée de malade, moyennant laquelle les entrepreneurs étaient obligés de pourvoir à tous les besoins économiques de l'hôpital, c'est-à-dire à la nourriture, aux médicamens, au linge, au mobilier, etc., etc. Les dépenses du personnel, celles relatives aux bâtimens, étaient en dehors de l'entreprise; elle n'était même tenue qu'à la réparation du mobilier. Voici comment M. de Pastoret parle de ces compagnies, page 6 de son Rapport fait au conseil général des hôpitaux, en 1816.

Après avoir dépeint la situation déplorable où se trouvaient les hôpitaux, exposé la déconsidération où était tombée l'administration qui les régissait en 1799, parlé de ses embarras, de ses débats, de son impossibilité de faire le bien et d'assurer le service, de l'état de dégradation totale des maisons hospitalières, du dénument absolu de linge, d'habits, de tous les effets nécessaires, de tous les genres d'approvisionnemens, on crut devoir, dit-il, accepter les soumissions de cinq compagnies, qui se partagèrent les établissemens. Jamais, dans d'autres circonstances, une pareille mesure n'eût été ni proposée ni adoptée. Les entrepre-

charité; l'hôpital était dans un état déplorable, tout y manquait, et l'on était obligé de disputer, d'arracher aux fournisseurs les objets les plus nécessaires : mettre ainsi la misère aux prises avec l'intérêt, et comment ne pas prévoir à l'avance que les douleurs de l'hôpital allaient tomber plus pesamment sur les infortunés qui l'habitaient! La justice veut que nous disions toutefois que l'alimentation des malades avait été améliorée (1).

Rendu au régime paternel (2), l'hôpital de la Cha-

---

neurs, devenus nécessaires, n'en devaient être que plus exigeans; ils le furent, et des plaintes perpétuelles s'élevèrent contre leur gestion. Eux aussi en formèrent; elles n'étaient pas sans fondement : les engagemens que le gouvernement avait pris à leur égard ne furent pas toujours observés avec une inviolable fidélité.

Cette manière de procurer des soins aux malades, et qui a bien au premier coup d'œil quelque chose de fort étrange, a été imaginée par un homme qui a passé sa vie entière à s'occuper de bonnes œuvres, et qui a consigné dans ses ouvrages un grand nombre d'idées utiles, M. de Chamousset, conseiller au parlement. On ne prit qu'une partie de son projet. Il avait proposé de ne payer de frais de journée que pour les malades guéris. Nous n'examinerons pas si cette idée était susceptible d'application ; mais on ne peut s'empêcher de reconnaître que c'était une conception ingénieuse que celle qui, en mettant le soin des pauvres au rabais, enchaînait l'intérêt des entrepreneurs à la conservation de leurs malheureux cliens. M. de Chamousset a concouru puissamment, par ses écrits, à la réforme de l'Hôtel-Dieu. Nous lui devons la petite poste et les maisons hospitalières, où l'on est admis moyennant le paiement d'une pension.

(1) DE PASTORET, *Rapport fait au conseil général des hôpitaux*, en 1814.

(2) On appelle ainsi l'administration établie économiquement et dirigée à l'instar de celle de la Famille.

rité changea bien vîte d'aspect; d'abord son ancien
nom lui fut rendu. On pensa à établir des lits pour les
femmes, dans les localités du deuxième étage, qui formaient précédemment l'habitation des religieux. Des
salles furent disposées (1803) de manière à recevoir
cent malades, et ce fut un nouveau bienfait. Les salles
qui étaient destinées aux femmes à l'Hôtel-Dieu, où
il y avait toujours encombrement, durent être un peu
dégagées par cette disposition nouvelle. D'un autre
côté, les pauvres des quartiers voisins eurent des secours plus à leur portée, plus prompts, qu'ils avaient
moins de fatigue et de danger à aller chercher, et par-
dessus tout purent éviter le gouffre de l'Hôtel-Dieu, où
tant de malheureux trouvaient la mort au lieu des secours qu'ils étaient venus chercher.

Une autre amélioration bien désirable ne put être
faite à cette époque. Le service des malades continua
d'être dirigé par des surveillantes séculières. Ce ne fut
que quelques années plus tard qu'on put le confier à
des religieuses (1).

Au moyen de l'ouverture des nouvelles salles, l'hô-

---

(1) On ne saurait, sans blesser les droits de la justice, mécon-
naître les avantages que le concours des sœurs procure aux pauvres dans les hôpitaux. On ne peut aucunement mettre en com-
paraison leur assistance et celle des séculières. Notre opinion est
fondée sur l'expérience, et nos motifs de préférence sont trop
sensibles pour avoir besoin de longs développemens. Qui ne
sent, en effet, que des personnes attachées au monde par tous les
liens de la famille, par tous les liens de la société, doivent apporter des distractions de toute sorte dans des devoirs toujours
pénibles, souvent dégoûtans, qu'elles ne contractent que pour
se créer des moyens de vivre; doivent être dominées par des

pital put porter le nombre de ses malades à 3oo. Ce nombre fut encore augmenté dans la suite par la con-

---

pensées, par des habitudes., par des intérêts, par des besoins dont les sœurs de charité ne soupçonnent pas même l'existence?

Nous ne prétons point à celles-ci des vertus surnaturelles, nous savons qu'elles font partie de l'humanité; mais leur position toute en dehors de la vie commune, leur renonciation aux joies comme aux tribulations mondaines, l'ordre d'idées où elles vivent, les engagemens qu'elles contractent, les règles qui leur sont tracées, et par-dessus tout, la ferveur religieuse qui les voue à leur mission charitable, donnent de leur dévouement, de leur sollicitude, de leur constance, de leur désintéressement, des gages qui ne sont que là, qu'on cherchera toujours vainement ailleurs.

Pénétré de ces idées, le conseil général des hospices voulut attacher des sœurs au service de l'hôpital de la Charité. Il eut recours à la communauté de Saint-Augustin, qui desservait déjà l'Hôtel-Dieu, et qui, pour ne point délaisser les pauvres pendant la révolution, avait pris l'habit séculier.

La communauté manquait de sujets; elle put cependant donner quelques sœurs qui prirent le service de l'hôpital en 1810; elles y restèrent jusqu'en 1816, où la pénurie de l'ordre s'étant augmentée, elles furent dans la nécessité de céder la place aux sœurs de Saint-Vincent-de-Paul, qui viennent à leur tour de s'éloigner de l'hôpital par un motif qui nous paraît peu susceptible d'être approuvé par des esprits sages, et ce motif le voici :

On a attaché un économe comptable à l'hôpital, et les sœurs qui remplissaient précédemment cette charge, se croyant blessées, ont quitté l'établissement.

Les sœurs ont une trop belle mission à remplir en veillant au bien-être du pauvre pour disputer à l'administration des soins qu'elle croit devoir se réserver, et qui en définitive allégent leur glorieux fardeau. A chacun son œuvre : celle des sœurs, réduite au soin direct des pauvres, n'a rien à envier à d'autres.

L'administration veut des comptes, et cette prétention n'est

struction de nouvelles salles pour les femmes, qu'on peut recevoir aujourd'hui jusqu'au nombre de près

---

ni déraisonnable ni nouvelle. D'anciennes et nombreuses ordonnances en font foi. La forme de ces comptes est fixée. Ils sont difficiles à établir, et les sœurs ne peuvent les dresser : allons plus loin, tout comptable doit répondre pécuniairement de sa gestion ; en d'autres termes, doit fournir un cautionnement. Sans doute la garantie morale que présente le caractère des sœurs peut tenir lieu de toute garantie matérielle. Nous le pensons ; mais là n'est pas la question. La loi a prononcé, il faut la suivre et obéir ; et les sœurs peuvent-elles, nous ne disons pas désirer, mais accepter une semblable position? Qu'elles y réfléchissent, et elles verront combien elle est peu compatible avec les convenances, avec leurs devoirs principaux.

Si ces raisons ne suffisaient pas pour les convaincre, pour éviter d'autres débats et d'autres séparations, nous invoquerions une autorité qui ne serait pas méconnue, celle des conciles. Le concile de Vienne (en 1311), confirmé par le concile de Trente (1545 – 1653), refusait de donner les hôpitaux en titre de bénéfice aux *clercs*, et ordonna que l'administration en fût donnée *à des laïques*, gens de bien, capables, qui prêteraient serment comme des tuteurs, feraient inventaire, et rendraient compte tous les ans par devant les ordinaires. (Voir l'*Abrégé historique des hôpitaux*, par M. l'abbé de Recalde, chanoine de Comines.)

. Ces décisions des conciles ont eu leur effet en France et hors du royaume. (Voir 5e vol. des ordonnances de François Ier, 3e vol. des ordonnances de Henri II, ordonnance de François II, 1er volume des ordonnances de Charles IX, ordonnance de Blois, etc., etc.) Elles ont en outre exclu de l'administration des hôpitaux les *nobles* et les *officiers*, et n'y ont admis que de *simples bourgeois*, pour qu'ils fussent d'une plus facile discussion, en cas que leur comptabilité ne fût pas exacte ou fidèle. (Le même.)

Nous avons été aussi surpris qu'affligé du départ des

de 200. Cet état de choses a reçu une modification importante en 1824; à cette époque, la Clinique (1) qui avait
jusque-là formé un établissement à part, dirigé par des
agens de la Faculté de Médecine, a été réunie à l'hôpital
de la Charité, de sorte que l'hôpital peut maintenant
recevoir 450 malades, 250 hommes et 200 femmes (2).

L'expérience est en médecine, plus qu'en toute autre

sœurs, bien que depuis long-temps l'annonce de la création
des places d'économe eût donné lieu à de vagues rumeurs de
séparation. Il nous était impossible de croire à une aussi extrême résolution, à des projets sérieux de ce genre, et notre
étonnement, quand nous les avons vus se réaliser, a été d'autant
plus grand et d'autant plus douloureux, que nous connaissions
les efforts tentés pour prévenir ce triste divorce par un administrateur dont chacun sait les vertus chrétiennes, dont chacun
connaît la piété sincère et profonde, M. le comte de Tascher,
qui était alors chargé de la direction supérieure de l'hôpital. Le
mal-entendu fâcheux qui a eu lieu en cette occasion ne se re-
produira plus, nous l'espérons. Toute considération cédera,
nous n'en doutons pas, dans l'esprit des sœurs, à l'intérêt tout-
puissant des pauvres dont personne mieux qu'elles ne peut
assurer le bien-être. La voix du malheur dominera seule leurs
déterminations. Les sœurs sont accoutumées à l'entendre, et
elles ne la méconnaîtront pas lors même qu'on imposerait à
leur dévouement des conditions déraisonnables. Ce serait de leur
part un nouveau sacrifice, et leur vie tout entière qu'est-elle
autre chose? Rien ne doit les faire renoncer à leur poste, lorsqu'on ne les oblige point au mal et qu'il y a quelque bien à faire.

(1) De Kliné, *Lit. grec.* Voir page 38.

(2) Dans les temps ordinaires, la population totale est de
520. Elle se divise en 223 hommes et 187 femmes. En cas de
besoin, cette population peut être portée jusqu'au chiffre de 250
hommes et 240 femmes. Pendant la durée du choléra, elle s'est
élevée à 444.

science peut-être, le guide le moins incertain; pour
être bon médecin, il faut avoir beaucoup vu, beaucoup
observé, beaucoup comparé. La réunion de nombreux
malades sur un même point, offrait donc à l'art de guérir de puissans moyens d'avancement et de progrès.
La variété, la multiplicité des cas groupés dans les hôpitaux présentait à l'investigation, un champ plus vaste
que la plus nombreuse clientèle; aussi ces établissemens furent-ils de tous temps la meilleure école, et
les hommes que la confiance publique appelait à les
desservir devinrent-ils, généralement, les plus renommés et les plus capables.

Arrivé à ce degré, on voulut encore aller plus loin :
on pensa qu'on pouvait mieux faire; que les hôpitaux,
sous le rapport de l'enseignement, pouvaient encore
être perfectionnés, en présentant aux recherches, non
seulement de vastes collections de malades que le hasard réunissait, mais des collections de maux choisis,
graves, rares, peu connus; de cette idée découla la formation des cliniques.

Vienne, Édimbourg, Pavie, nous avaient devancé
dans ce genre d'établissement. Desault (1), le premier à

(1) Desault, né en 1744 à Magny-Vernois, près de Meaux, reçut
une éducation simple mais soignée. On ne l'instruisit point dans
les arts d'agrément; on le forma aux arts utiles. Dernier enfant
d'une famille nombreuse, on le destina d'abord à l'état ecclésiastique. Ce n'était pas sa vocation; son père ne voulant pas le
contrarier, l'envoya à l'hôpital militaire de Béfort, étudier les
principes de la chirurgie. Trois ans après, le jeune Desault vint
les approfondir à Paris, en 1764; il n'avait alors que dix-neuf
ans. Disciple du célèbre Antoine Petit, il apprit sous ce maître
habile à le surpasser un jour. Dès 1766, il ouvrit lui-même des
cours d'anatomie, où il trouva bientôt un nouveau système de

Paris, imita cet exemple dans son enseignement chirurgical (1).

C'était déjà un grand pas de fait pour l'avantage de l'instruction. Mais c'est à un autre médecin, qui fut en même temps un administrateur distingué, à M. Thouret, que la science est redevable de l'organisation des cliniques et notamment de celle de la Charité!

Nous avons dit plus haut que l'église de cet hôpital n'avait point échappé aux ravages de 1793. Depuis cette époque, elle était demeurée à peu près dans

division pour l'usage de cette science; il y présenta un ordre plus vaste, plus lumineux que celui de ses prédécesseurs. En vain l'envie voulut-elle éloigner les élèves, on s'aperçut que dans tous les examens et dans toutes les places l'avantage restait toujours à ceux qui avaient étudié sous Desault. L'orgueil des autres maîtres fut obligé d'adopter sa méthode. Il fut chirurgien-major de l'hôpital de la Charité, qu'il quitta ensuite pour passer en qualité de chirurgien en chef à l'Hôtel-Dieu. Ses travaux augmentèrent alors et fixèrent sa réputation. Au milieu de ses nombreuses occupations, Desault continua ses cours, et eut la gloire d'organiser une école de chirurgie clinique, source d'instruction d'autant plus précieuse que la science y devint expérimentale et oculaire. L'affluence de ses élèves *fut prodigieuse*; et plusieurs souverains étrangers envoyèrent à Paris un grand nombre de jeunes étudians pour se former sous ses leçons. Arrêté momentanément pendant la révolution, le vide immense que causa sa détention força les gouvernans à le rendre à la liberté. Il n'en jouit pas long-temps, et mourut, à cinquante ans, le 1er juin 1795. Il a écrit peu d'ouvrages; mais ce qui suffit à sa gloire, c'est le bien qu'il a fait, c'est le grand nombre de chirurgiens célèbres qu'il a formés. (Extrait du *Dictionnaire historique* de Chaudon et Delandine.)

(1) Voir Clavareau, page 105; Richerand, *Progrès récens de la Chirurgie; Biographie* de Michaud, article Desault.

l'état d'une grange; on pensa à l'utiliser. Le bâtiment fut coupé, dans sa hauteur, en trois étages par des planchers; le rez-de-chaussée fut converti en vestibule; les parties supérieures furent disposées en salles pour les malades, et, au moyen de quelques autres localités qu'on trouva la possibilité de grouper autour, on forma une école qui put recevoir 40 malades, 26 hommes et 14 femmes.

La Faculté de Médecine fut chargée d'administrer cette institution nouvelle (1).

Un homme dont la science a vivement regretté la perte, Corvisart (2), fut placé à la tête de cette école.

---

(1) Ce service était composé de cinq salles, trois pour les hommes et deux pour les femmes. Les hommes occupent le premier étage, qui se compose des trois petites salles Saint-Jean-de-Dieu. Les femmes sont placées au second, dans les salles Sainte-Magdelaine et Sainte-Anne. Plus tard, à la réunion de la Clinique à l'hôpital, l'école a obtenu quelques lits d'hommes dans la salle Saint-Louis, dont la portion détachée a été nommée salle Saint-Charles, et de femmes dans la salle Saint-Vincent, dont la partie détachée s'appelle maintenant Sainte-Anne, de manière que la Clinique a aujourd'hui 50 lits de plus que lorsqu'elle dépendait en tout point de la Faculté.

Les localités que la Clinique occupe, si l'on excepte les extrémités des salles Saint-Louis et Saint-Vincent, sont fort peu convenables pour leur destination. Elles manquent d'air et de jour, et sont entourées de toutes parts d'habitations particulières; elles ont l'inconvénient de beaucoup d'autres hôpitaux, de n'avoir point été faites pour leur destination actuelle, et d'y satisfaire par conséquent assez peu, bien qu'on les ait disposées le mieux possible.

(2) Corvisart naquit, en 1755, à Pricourt (Ardennes). Il fit de bonnes études. Destiné par sa famille au barreau, on ne put surmonter son éloignement pour l'étude des lois ni son inclina-

Ce célèbre docteur était déjà médecin de l'hôpital de
la Charité, lorsque la Clinique lui fut confiée, et il

---

tion pour l'art de guérir. Il échappait à toute surveillance; il
passait des semaines entières dans les hôpitaux. Il devint médecin malgré ses parens, malgré les obstacles que le manque de
fortune apportait à la continuation d'études longues et dispen-
dieuses. On sait que la place de médecin de l'hôpital que ve-
nait de fonder madame Necker lui fut refusée, parce qu'il ne
voulait point consentir à porter la perruque, qui, à cette époque,
faisait encore partie obligée du costume doctoral. A trente-huit
ans, il entra dans la carrière de l'enseignement, et son cours fut
peu suivi. Il était déjà cependant à l'apogée de son talent. En 1787,
il commença l'enseignement de la médecine au lit des malades.
Ce genre d'enseignement paraissait fait pour lui. Il était doué
d'un grand talent d'observation. Il oubliait, disait-il, tout ce
qu'il avait appris, pour ne voir que ce qui existait. Il tira un
parti admirable d'un moyen simple et peu connu alors, de dis-
tinguer les différentes maladies de la poitrine en observant le
retentissement de cette cavité quand elle est frappée avec pré-
caution, dans divers points de son étendue. Cette méthode, in-
ventée par Avenbrugger, devint, sous les doigts de Corvisart,
une source abondante de connaissances positives. Corvisart fut
le premier professeur de clinique interne à l'École de Santé. Dès
1797, il obtint la chaire de médecine du Collége de France;
et ses leçons étaient suivies de tous ceux qui voulaient se per-
fectionner dans la science de déterminer avec précision la nature
et le siége des maladies. Il avait aussi pour auditeurs presque
tous les étrangers qui venaient à Paris. En peu d'années, il
obtint la réputation du plus habile praticien de son époque.
  Sous le consulat, Bonaparte s'attacha Corvisart comme son
unique médecin. Il eut toute la confiance de l'Empereur. Son
service à la cour ne le fit point renoncer entièrement à son service de médecin à l'hôpital de la Charité. Sur sa demande, un
amphithéâtre spécialement destiné à l'enseignement de la médecine pratique fut élevé dans l'intérieur de cet hôpital. Corvisart

n'eut qu'à continuer pour ainsi dire les leçons que, dès
1787, il avait déjà commencées dans le premier établissement. Il fut, en France, le créateur de la clinique
de médecine interne, comme Desault l'avait été de la
clinique externe ou chirurgicale.

La Clinique et la Charité, bien que contiguës, bien
qu'ayant au fond la même destination, le même but
principal, le soulagement des malades, dépendaient de
deux administrations différentes. Il y avait là quelque
chose de bizarre, il y avait double dépense en frais
d'administration, et comme c'était en définitive à la
charge des pauvres que ces frais tombaient (1), le conseil général des hospices ne cessa de demander la réunion des deux établissemens. Après plusieurs années

---

n'était ni savant ni érudit. Sa sagacité lui tenait lieu de savoir;
il semblait né médecin comme on naît poète. Il mourut le
15 septembre 1821, âgé de soixante-sept ans. (Extrait du *Dictionnaire nécrologique* de Mahul.)

(1) Bien qu'administrant la Clinique, la Faculté de Médecine
ne subvenait point de ses deniers aux besoins des malades. La
dépense était à la charge de l'administration des hôpitaux, attendu, disait-on, que les malades que recevait la Clinique se
seraient rendus dans les hôpitaux, à son défaut. La Faculté ne
pourvoyait qu'aux dépenses de l'instruction proprement dite,
c'est-à-dire à celles du traitement des professeurs de toute classe.
Il avait existé d'abord entre les deux administrations un compte
de clerc à maître. La Clinique faisait en quelque sorte son mémoire, qui était payé par les hôpitaux. Mais ce mode était sujet
à tant de débats entre les deux administrations, qu'on y substitua bientôt un abonnement par tête de malade et par journée.
On ne fut pas mieux d'accord. D'un côté on était bien exigeant,
de l'autre on devait être économe, et l'on ne put concilier toutes
les prétentions que par la jonction de la Clinique et de l'hôpital.

de vaines instances, ses efforts furent couronnés et la réunion s'opéra en 1824 ; de sorte qu'aujourd'hui, bien qu'ayant, pour ainsi dire, une double fonction à remplir, la Clinique et l'hôpital ne sont qu'une même maison.

La Clinique ne fit que gagner à cette mesure : quelques lits de plus lui furent donnés ; mais il n'en fut pas de même pour l'hôpital : son entrée et celle de la Clinique étant devenues communes, l'hôpital se trouva rempli chaque jour par un grand nombre d'élèves, qui précédemment n'y étaient point attirés, et auxquels les salles de malades servirent dès ce moment de lieu d'attente ou de passage. Rien n'est plus fâcheux que cette affluence, et l'ordre est bien difficile à maintenir au milieu de tant de personnes ; la tranquillité des malades en est gravement troublée.

On l'avait bien compris en établissant les Cliniques, c'est-à-dire, en plaçant une école dans les hôpitaux, en faisant de ces établissemens des espèces de succursales de la Faculté. Aussi un esprit de grande réserve présidat-il à cette association. Obtenir le bien, prévenir le mal qu'elle pouvait produire, tel fut le but des réglemens qui intervinrent. Ces réglemens étaient empreints de sagesse et de prudence. En voici les principales dispositions.

Il ne pouvait être admis dans les Cliniques que les maladies qui se traitaient ordinairement dans l'hôpital. Cette disposition était capitale pour éviter la confusion et tous ses dangers ; car on aurait pu accumuler des maladies aiguës, contagieuses, mentales, etc., etc.

Aucun malade ne pouvait être dirigé sur les Cliniques que de son consentement. Ceux qui montraient de la répugnance à s'y rendre devaient être placés dans d'autres salles.

Le nombre des élèves pour chaque Clinique ne pouvait pas s'élever au-dessus de cinquante.

Ces élèves devaient être nommés par la Faculté de Médecine, et ne devaient être admis que sur une carte personnelle, signée par le doyen de la Faculté et l'agent de surveillance de l'hôpital.

Les élèves ne devaient entrer dans les salles qu'avec le professeur, et devaient en sortir en même temps que lui, à moins d'une désignation particulière des professeurs pour observer certains malades.

L'entrée des autres salles de l'hôpital leur était formellement interdite.

La surveillance était confiée aux chefs de Clinique et à l'administration, sauf ce qui appartenait à la police exercée par les professeurs.

Dirigées avec ces ménagemens, les Cliniques auraient été introduites sans trouble dans les hôpitaux; elles y seraient entrées sans être aperçues. Mais les prescriptions que nous venons de rappeler tombèrent bientôt dans l'oubli; furent-elles même jamais suivies? Leur observation importe trop cependant au repos, au calme religieux qui devrait toujours régner près des malades, pour que ce ne soit pas un devoir de les remettre en vigueur.

Nous trouvons naturellement ici l'occasion de placer quelques courtes réflexions sur l'institution des Cliniques (1).

_____

(1) Les observations que nous suggèrent les Cliniques sont toutes générales, et n'ont dans notre pensée, nous devons le dire, aucune application particulière à l'hôpital de la Charité. Ce n'est pas de telle ou telle Clinique que nous voulons parler,

Les hôpitaux reçoivent une vie nouvelle, ils portent
un double fruit lorsqu'en offrant aux pauvres malades
des soulagemens et des secours, ils servent encore aux
progrès de la science, à l'instruction de ceux qui s'y
vouent. Tout semble ici profitable. Le malade lui-même
a-t-il quelque chose à perdre, et n'a-t-il pas, au contraire, tout à gagner à des recherches qui tendent à
mieux connaître son mal, et lui doivent procurer des
soins plus éclairés et plus efficaces ? Au premier abord,
on est tenté de souhaiter la transformation de tous les
hôpitaux en Cliniques, et l'on s'étonne qu'il n'en soit
pas effectivement ainsi. La réflexion vient tempérer ce
mouvement. Le désir de savoir est dans cette circonstance, plus qu'en toute autre, digne de louange ; mais
si l'ardeur d'apprendre est poussée trop loin, si l'amour
de la science est trop dominant, n'est-il pas à craindre
que les malades ne soient, même à bonne intention et
par un naturel entraînement, exposés à de téméraires
expériences ; ne soient troublés, fatigués, rendus plus
malades par des investigations, des interrogatoires, des

_____

mais de la nature même de ces sortes d'établissemens. Nous
serions fâchés que notre intention pût être autrement comprise, et que l'on supposât que nous avons voulu déguiser
sous la forme d'une critique générale une critique spéciale pour
l'hôpital. Loin de nous un tel procédé, notre langage sera toujours franc. Nous louerons le bien sans flatterie partout où il
nous apparaîtra, comme nous blâmerons sans crainte toutes
les fois que nous rencontrerons un abus. Rien ne nous fera dévier
d'une opinion consciencieuse dans les travaux que nous nous
proposons de publier successivement sur les hôpitaux de Paris.
Mais nous déclarons aussi que rien de personnel ne se mêlera
jamais à nos jugemens.

attouchemens, qui sont toujours importuns sinon pénibles, et qui peuvent avoir des conséquences très
graves dans quelques cas? Le danger que nous indiquons est dans la nature des choses. Sur la voie d'une
découverte, comment s'arrêter au moment où l'on croit
qu'on va saisir la vérité? La pente est rapide, glissante,
et de quelle ferme circonspection ne faut-il pas être
doué pour ne pas ajouter sans cesse un nouveau pas au
pas qu'on a fait, pour ne pas se jeter au devant du
trait de lumière qu'on espère voir jaillir d'un nouvel
effort, d'un nouvel essai !

Nous nous arrêtons. Ce que nous venons de dire
suffit pour que les Cliniques qui seraient entrées dans
cette fâcheuse voie puissent modérer leur tendance ;
pour qu'il soit pris, à l'égard de celles qui peuvent
encore être établies, des mesures capables d'arrêter
l'ascendant trop prononcé de la science sur la charité.
Il faut ne jamais oublier que l'hôpital est, avant tout,
un lieu de secours ; que toute autre destination n'est
qu'accessoire, que la personne du pauvre est sacrée,
que l'hôpital est créé pour le soulagement des malades,
que tout doit être subordonné à leur bien-être, que
rien ne doit être toléré de ce qui le pourrait compromettre ou affaiblir.

Lorsque le conseil général des hospices fut insti-
tué (1802), lorsqu'un magistrat doué d'une grande
portée de vues, M. le comte Frochot (1), préfet

---

(1) M. le comte Frochot, qui fut l'ami de Mirabeau, ne de-
meura point étranger aux travaux de l'illustre orateur. Il con-
courut grandement surtout au magnifique discours que vint lire
après sa mort, à l'Assemblée constituante, M. l'évêque d'Au-

de la Seine, ne craignit pas de diminuer son propre pouvoir, d'en déléguer une partie, pour assurer aux pauvres le haut et puissant patronage d'une assemblée où brillaient les hommes d'élite de la magistrature, de la science, du commerce, de l'administration, de la bourgeoisie, où se groupaient comme en un faisceau bienfaisant toutes les intelligences, toutes les lumières,

---

tun, aujourd'hui prince de Talleyrand. Ce fut une belle oraison funèbre.

Nommé préfet de la Seine en 1800, lors de l'institution des préfectures, M. Frochot trouva son département dans le plus complet désordre. Tout avait disparu dans la tourmente révolutionnaire : c'était un chaos. Il fallait tout créer, et la tâche était laborieuse, difficile. M. Frochot était animé des meilleures intentions : persévérant, grand travailleur, personne ne convenait mieux que lui à une telle mission.

Sous sa main régénératrice tout sortit de la confusion. Les églises n'existaient plus, elles furent rétablies. Les cérémonies funèbres, entourées de tant de respect dans l'antiquité, et qui venaient d'être si cruellement profanées, recouvrèrent de la décence. Les hôpitaux furent assainis, régénérés ; le Mont-de-Piété fut reconstitué ; la voie publique fut entretenue, dégagée, changea complétement d'aspect ; l'octroi fut organisé. On s'occupa de purger Paris des charniers connus sous le nom de *tueries* ; on construisit des abattoirs et des marchés qui furent terminés sous son successeur.

Une influence bienfaisante pénétra toutes les branches de l'administration municipale, et ce sont les efforts, les travaux d'un consciencieux ami du bien, d'un homme constant à le rechercher, de l'administrateur probe, désintéressé, à qui nous consacrons cette note, qui ont ouvert pour la ville de Paris la voie d'amélioration où depuis elle a progressivement marché, malgré les vicissitudes, les calamités de deux invasions, de la disette, de la guerre civile, d'une meurtrière épidémie.

toutes les vertus (1); d'une assemblée que sa composition rendrait inaccessible aux abus, dans laquelle se
conserveraient les traditions de la charité, l'esprit de
persévérance et de suite sans lequel rien de bon et de
durable ne s'établit; d'une assemblée assez forte pour
résister aux destructions qu'entreprend trop facilement
l'ignorance, aux innovations que suggèrent trop souvent la présomption, l'inquiétude; au désir enfin si commun parmi les hommes nouveaux, de faire autrement,
plutôt que de faire mieux : lorsque, disons-nous, naquit ce protectorat, les hôpitaux étaient tombés dans
un extrême abandon : bâtimens, mobilier, tout y était
déplorablement négligé; les salles de l'hôpital de la
Charité n'avaient pas été blanchies depuis *trente an-*
nées, les lits n'avaient pas été repeints; le mobilier, incomplet dans toutes ses parties, se trouvait
dans le plus misérable état ; les malades n'avaient
ni chaises, ni tables de nuit (2); seulement quelques bancs garnissaient les salles. Ce dénûment existait partout, les lits n'avaient qu'un seul matelas, ils
étaient garnis de rideaux de serge verte et de couvertures de même couleur. Le conseil commença par

---

(1) Dans le conseil général des hospices ont siégé les Bigot
de Préameneu, les Parmentier, les La Rochefoucauld, les Mont-
morency, les d'Aguesseau, les Mourgue, les de Belloy, les Bar-
thélemy, les Bellart, les Anglès, les Portal, les Lepelletier-
d'Aulnay, les Chaptal, les Barbé-Marbois.

(2) Dans quelques établissemens les malades n'avaient des
vases, pour satisfaire leurs besoins, qu'autant qu'ils en ache-
taient; l'administration n'en fournissait pas. Les malades qui
sortaient de la maison les cédaient à leurs successeurs. Cet usage
n'a cessé dans quelques hôpitaux que récemment.

faire repeindre toutes les salles ainsi que tous les lits ;
deux matelas furent placés dans chaque lit. Aux gar-
nitures de laine qui les entouraient, il substitua des
rideaux blancs qui ne dissimulaient pas la malpropreté
comme ceux qu'ils remplaçaient, et qui, fréquemment
lavés, ne s'imprégnaient pas de miasmes nuisibles. Les
couvertures vertes disparurent pour faire place à des
couvertures blanches qu'on adopta dans les mêmes
vues. Quelques chaises furent placées dans les salles.
Ce fut en tout point, sinon une régénération complète,
au moins le commencement d'une rénovation qui formait pour l'avenir un engagement auquel on n'a pas
manqué ; car, à partir de ce moment, les améliorations
se sont succédé sans cesse ; les hôpitaux ont marché
de progrès en progrès. Quelque bien qui fût obtenu,
le conseil général des hospices ne le considérait que
comme un point de départ pour un nouveau bien à
faire ; secondé, plus tard, dans ses généreuses vues par
un magistrat, M. le comte de Chabrol, qui a signalé
son édilité par la douceur toute paternelle de son administration ; par le nombre comme par l'utilité des
travaux qui le recommandent à la gratitude publique ;
par l'introduction de l'ordre dans les finances ; par la
création du crédit, qui, pour la ville de Paris, ne
date que de lui (1) ; secondé, dis-je, par le franc et

_____

(1) M. le comte Chabrol de Volvic est né en Auvergne. Élève
de l'École polytechnique, il a fait partie de l'expédition d'É-
gypte comme ingénieur, et le magnifique ouvrage dont cette
héroïque entreprise fut l'occasion le compte parmi ses coopéra-
teurs les plus distingués.

L'arrondissement breton de Pontivy et le département ita-

loyal concours d'un administrateur aussi éclairé, le
conseil a marqué chaque année de son existence par

---

lien de Montenotte conservent d'honorables traces de son passage ; les voyageurs qui pénètrent en Italie par la Corniche lui
doivent la belle route qui longe la mer, et traverse une montague
au moyen d'une des plus belles galeries qui existent en Europe.
Deux projets d'une tout autre importance auraient élevé bien
haut la gloire de M. de Chabrol, si la fortune de Napoléon lui
eût permis de les accomplir. M. de Chabrol voulait unir la
Méditerranée à l'Adriatique par un canal qui eût franchi les
Apennins et se serait rattaché au Pô. Il avait de plus, par ordre
de l'Empereur, étudié la situation de la Spezzia, et proposé des
plans qui eussent fait de ce golfe le plus grand établissement
de marine militaire du monde. Une grande épreuve attendait,
dans ce poste, M. de Chabrol. Par suite de ses démêlés avec
l'Empereur, le vertueux Pie VII fut conduit à Savone. Le
jeune préfet l'entoura d'égards, et son habileté, dans une position si délicate, lui valut les bonnes grâces du Pape et les bienfaits de Napoléon. Préfet de la Seine en 1812, la restauration
trouva et maintint M. de Chabrol dans ses fonctions ; les Cents-
Jours l'en éloignèrent, il les passa dans la retraite. Le retour
du Roi lui rendit l'administration du département de la Seine,
qui le choisit, en 1816, pour son député. M. de Chabrol se signala à cette époque par un trait de courageuse amitié ; il recueillit et sauva le brave général Gruyer, condamné à mort
pour affaires politiques.

L'arrondissement de Riom, son pays natal, le fit rentrer à
la Chambre en 1824. Partout M. de Chabrol s'est fait connaître
par ce caractère de modération, d'indulgence et de bonté qui lui
est propre ; partout l'activité de son esprit créait ou préparait
des merveilles. A l'étranger, il a laissé une haute idée de lui et
de nous ; partout, il a toujours su faire aimer l'homme et honorer l'administrateur. Ami d'un sage progrès, ennemi du faste
et du bruit, c'est à M. de Chabrol que la ville de Paris doit la
plupart de ses embellissemens, et ceux qu'il n'a point exécutés,

des mesures qui honorent ses intentions, qui attestent
ses lumières, qui laisseront une trace durable dans les

---

il en a inspiré l'idée ; la distribution des eaux est son ouvrage ;
les égouts, les trottoirs, le dallage des boulevards, sont également le résultat de ses soins. L'éclairage au gaz est une impor-
tation qui lui est due ; l'inscription indélébile du nom des rues
est le 'fruit de ses recherches. La peinture à fresque dans les
églises, celle des vitraux doivent leur résurrection à ses encou-
ragemens. Les marchés, les abattoirs, le canal Saint-Martin, la
Bourse, un grand nombre d'églises, ont été faits sous son administration ; les hôpitaux, toutes les branches des secours publics
lui doivent aussi leurs progrès. Rien n'échappait à son active
sollicitude, à son amour constant du bien public. C'est lui qui
a donné l'impulsion à cette foule d'améliorations qui chaque
jour nous surprennent et font de Paris une ville sans égale ; et
ces prodiges ont été conçus, mûris, entrepris, opérés en grande
partie lorsque la capitale était envahie, que la disette la tour-
mentait, que la confiance était perdue, que nul crédit n'existait, que l'inquiétude, la misère, la dissention couvraient la
France comme un réseau ! Ils ont été opérés avec mesure, sans
précipitation et avec le secours du temps, dont la présomption
ne tient aucun compte, mais que les esprits prévoyans et soucieux de l'avenir appellent toujours à leur aide. A tous ces titres,
ajoutons que M. de Chabrol a eu l'heureuse pensée d'un ouvrage,
la Statistique de la ville de Paris, qui jamais n'avait été conçu
sur de telles bases, et qui a mérité depuis de servir de modèle
à toute l'Europe.

Jamais, avant cette remarquable publication, on n'avait réuni
sur un sujet quelconque d'administration, une telle immensité de
faits, jamais on ne les avait choisis avec un semblable discernement, combinés avec une si ingénieuse intelligence ; jamais on ne
les avait classés avec un tel ordre, avec une méthode si rationnelle ; jamais enfin un tel degré de clarté n'avait été apporté dans
un travail qui embrasse et résume toute l'administration. Il était
bien difficile de pénétrer dans ce dédale sans s'égarer ; il l'était

annales des hôpitaux, dans le souvenir de tous les hommes qui ont été appelés à les connaître et qui les peuvent apprécier (1).

---

bien plus encore d'y faire pénétrer les personnes les moins familières avec la science statistique, et c'est ce qu'a fait avec talent, avec un bonheur sans exemple, M. le comte de Chabrol.

(1) La création du conseil général des hospices est un des titres qui recommandent le plus M. Frochot à la reconnaissance du pauvre. Cette institution qui veille sans cesse, et dans son ensemble et dans la personne de chacun de ses membres, à la défense des intérêts des malheureux, à la bonne administration de leurs biens, à la dispensation des secours que, dans une ville comme Paris, tant d'infortunés appellent et sollicitent sans cesse, a placé les hôpitaux dans une situation qui ne permet plus qu'on les reconnaisse lorqu'on les a vus dans le désordre affligeant, dans la dégoûtante confusion où ils étaient il y a quarante années. C'est par les soins constans du conseil, c'est par son application bienfaisante et continue que s'est opérée la métamorphose qui a fait des anciens cloaques, qu'on appelait des hôpitaux, des asiles où les misères de l'humanité sont adoucies, non plus par le sacrifice d'une générosité mal dirigée, mais par les efforts d'une charité active, éclairée, et d'une administration régulière, intelligente, et qui, épiant avec sollicitude les progrès de l'industrie et des arts, n'a laissé passer aucune de leurs inventions sans faire profiter les hôpitaux de ce qu'elles renfermaient de propre à leur amélioration. On ne peut dire ce que seraient aujourd'hui les établissemens hospitaliers si le conseil n'eût été préposé à diriger leur destinée, s'il n'eût pas été appelé à réformer les graves abus qui les avaient.dénaturés, et qui transformaient des institutions dont on ne saurait trop louer le principe, en réceptacles où se réunissaient tous les vices, en foyers d'insalubrité, de contagion et de mort. Honneur au magistrat qui dota l'indigence de cette tutélaire institution! Honneur et gratitude aux hommes qui, au premier appel, mi-

'La chirurgie de l'hôpital de la Charité fut, comme

rent leur science et leur dévouement, tout ce qu'ils avaient de
crédit et d'autorité, au service de ce qu'il y a sur la terre de plus
respectable après la vertu, le malheur.

La composition du conseil où siégeaient tant d'illustrations,
la nature si touchante et si honorable des services qu'il était appelé à rendre, leur multiplicité, leur importance, signalèrent
son existence et lui donnèrent, dès son origine, une haute place,
une influence puissante. L'honneur d'en faire partie fut ambi-
tionné par les hommes les plus éminens, et pendant long-temps
l'auréole de bienfaits dont ses travaux l'avaient entouré n'excita
que des sentimens de reconnaissance. Ce résultat était naturel ;
il l'était aussi que l'envie, qui s'éveille au bruit de tous les
succès, se dressât contre une institution que tant d'heureux
efforts désignaient à ses coups. Elle ne manqua pas à sa vocation, et, dès lors, on s'attacha à représenter le conseil comme
une institution décrépite, qui ne renfermait que des hommes
usés, ne donnant aux affaires sacrées dont le soin leur était
commis qu'une attention superficielle ; comme une institution
qui n'était là qu'un obstacle, dont le temps était arrivé, et qui
devait disparaître ainsi qu'un rouage superflu dont la nullité
frappait tous les yeux et ne demeurait inaperçue qu'à ceux qu'in-
téressait sa conservation.

Ces accusations sont injustes. Non, le conseil général des hospices n'est pas un vain simulacre qui n'existe que pour gêner,
qui soit toujours une entrave et jamais une aide. Ses services
parlent assez haut, et son concours comme ses résistances, tout
en lui a toujours pris sa source dans un pur et généreux amour
des pauvres ; le bien qui lui est dû peut être nié, mais non détruit, et il est là pour démontrer aux plus incrédules la vérité
qu'on cherche en vain à obscurcir. Qu'on s'enquière de ce
qu'étaient les hôpitaux quand leur administration passa aux
mains du conseil, qu'on les parcoure maintenant et qu'on juge !

La suppression du conseil des hospices serait une vraie calamité

nous l'avons dit plus haut, fort renommée dès l'origine

pour les classes souffrantes, un malheur pour le Gouvernement qui assumerait sur lui la responsabilité d'une semblable mesure. Les bénédictions des pauvres n'en accompagneraient certainement pas l'auteur. Et par quel motif, dans quelles vues, le conseil général des hospices serait-il détruit? dans quel intérêt? Est-ce par cet esprit d'économie qui, aux yeux de quelques personnes, semble être le seul dieu du jour, et pour qui toute l'administration consiste dans l'alignement d'un budget? Mais le conseil des hospices ne coûte rien. Toutes les personnes qui le composent remplissent là des fonctions gratuites; et, d'ailleurs, qu'est-ce que l'économie quand il s'agit de charité? est-ce de dépenser moins d'une manière absolue? Eh, grand Dieu! on peut ne pas dépenser grand' chose; réduisez la distribution des bienfaits; supprimez-la même tout-à-fait, vous ne dépenserez plus rien. Quant à nous, nos idées sont différentes; nous entendons autrement le système économique; il nous semble que la perfection ici consiste à faire le plus grand bien possible avec des ressources données; si nous ne disons pas: C'est ce qu'a fait le conseil des hospices, nous disons: C'est ce qu'il a cherché constamment à faire, et nous doutons que qui que ce soit à sa place se signalât par de plus heureux efforts.

A qui donc échoirait la tâche du conseil des hospices s'il advenait que son existence fût brisée? qui succéderait à cet héritage de laborieuse sollicitude? Au conseil municipal sans doute seraient dévolues les attributions du conseil supprimé. Mais le conseil municipal n'est-il pas chargé déjà de bien des soins? et comment y ajouter, avec plus d'utilité qu'en les laissant au conseil des hospices, les détails infinis d'une administration qui embrasse tant d'intérêts et qui touche à ce qu'il y a de plus délicat et de plus susceptible, à l'administration des personnes? Il faut là, qui ne le sent, des hommes spéciaux, immédiats, qui, à toute heure, planent sur le pauvre pour le protéger, et non une administration déjà surchargée de travaux, absorbée par le far-

de l'hôpital (1). Cette juste et belle réputation ne
dégénéra point après la disparition des frères, elle
fut dignement soutenue par les grands et modestes

---

deau qui pèse sur elle, et qui, malgré les intentions les meilleures, le plus parfait bon vouloir, ne pourrait considérer les
hôpitaux que comme une branche du grand arbre qu'elle est
chargée de cultiver. Fondus dans un vaste ensemble composé
d'élémens nombreux, les hospices n'entreraient que pour leur
portion dans les soins qui sont dus au tout; ils ne pourraient
obtenir qu'une attention, nous ne disons pas secondaire, mais
partagée, au lieu de l'attention spéciale et continue dont ils sont
maintenant l'objet; et les pauvres, que pourraient-ils gagner à
cela? car, enfin, il ne faut pas perdre de vue que c'est des
pauvres qu'il s'agit.

Que l'autorité, à quelque degré qu'elle soit placée, s'assure
que dans les hôpitaux les malheureux sont accueillis avec bienveillance, traités avec sollicitude; que l'on pourvoit à tous leurs
besoins, qu'ils reçoivent toute l'assistance que leurs misères réclament; qu'elle s'assure que les dépenses ont un but utile, que
l'on n'en fait pas de superflues, que l'ordre règne dans les établissemens en même temps que l'humanité; que tout y est dis-
posé, ordonné, réglé dans les vues combinées du bien-être des
pauvres, de l'économie rationnelle de leurs deniers, de la gestion intelligente et fidèle de leur patrimoine : c'est dans son
droit, c'est son devoir, rien de mieux. Mais que, ces conditions
obtenues, on ait le désir de porter atteinte à une institution
éprouvée par le temps, et naturellement la plus apte à les remplir,
c'est ce que l'on ne saurait comprendre, et ce que n'admettraient
pas les bons esprits qui voient les hôpitaux avec intérêt, et dont
la position peut leur donner quelque influence sur leur avenir.

(1) Le service de l'établissement était si bien entendu sur
tous les points, que l'empereur Napoléon y fit consacrer une
salle au traitement des malades de sa maison civile; les frais en
étaient acquittés sur sa cassette.

talens, par la science profonde, par les solides leçons
des Deschamps (1) et des Boyer (2), de ce dernier

---

(1) Deschamps (Joseph-François-Louis), chirurgien en chef
de l'hôpital de la Charité, membre de l'Académie des Sciences
(section de médecine), né à Chartres en 1740, mort à Paris
en 1824, fut admis, en 1764, à l'École pratique, devint membre du Collége et de l'Académie de Chirurgie, obtint la place
de gagnant-maîtrise à l'hôpital de la Charité, et remplaça Desault comme chirurgien en chef de cet hospice. Aussi désintéressé qu'habile, il ne refusa jamais sa visite aux pauvres. Lorsqu'il fut nommé médecin consultant de Bonaparte, le traitement de cette place lui était nécessaire pour son existence.
Il a fait beaucoup de recherches sur le quinquina, et a publié plusieurs ouvrages et de nombreux mémoires insérés dans le Recueil
de la Société de Médecine de Paris.

(2) Boyer (Alexis, baron), l'un des premiers chirurgiens de
l'Europe, né à Uzerche, dans le Limousin, en 1757, vint à Paris
en 1775, et suivit les leçons de chirurgie de Desault. Il obtint,
cinq années après, le premier prix à l'école pratique, et fut
honoré d'une distinction plus précieuse encore, il partagea avec
Desault l'enseignement de l'anatomie. Des cours particuliers
d'anatomie, de physiologie et de chirurgie augmentèrent sa réputation, que d'excellens ouvrages élémentaires et de grands
services rendus à l'enseignement devaient bientôt consolider.
M. Boyer obtint au concours, en 1787, la place de chirurgien
gagnant-maîtrise à l'hôpital de la Charité, où il a été depuis
chirurgien en chef. Nommé professeur de médecine opératoire à
l'École de Santé dès sa création, il renonça à cette partie de
l'enseignement pour se charger de la clinique externe, qui
lui attira un grand nombre d'élèves. Les leçons cliniques de
M. Boyer, non moins estimées que celles de Desault, ont
formé beaucoup de chirurgiens habiles. Ce professeur a rempli,
depuis 1804 jusqu'en 1814, la place de premier chirurgien de
l'Empereur. On a de lui, entre autres ouvrages, 1°. un Traité
complet d'Anatomie, ou Description de toutes les parties du

surtout, qui, par la fermeté de sa raison, par ce sens
exquis qui le distingue entre ses plus illustres émules,
rappela la science à son caractère simple et vrai, la
dégagea de tout accessoire parasite, et dont les ouvrages sont le plus sûr, le plus indispensable guide
pour tous ceux qui se livrent à l'étude comme à la
pratique de la chirurgie. La renommée de l'hôpital,
sous ce rapport, se fortifia par un nouveau titre : tous
les ans, au printemps, plusieurs lits furent consacrés au
traitement de la cataracte, qu'on traitait là plus particulièrement qu'ailleurs; une salle fut disposée dans
le service des femmes pour ce traitement spécial, et
pourvue de tout ce qui pouvait concourir à la réussite
des opérations.

Nous ne croyons pas devoir consigner ici toutes les
améliorations de détail qui journellement, pour ainsi
dire, ont été pratiquées à la Charité. Nous rappellerons
seulement les plus importantes.

---

corps humain, 4 vol. in-8°. Ce livre est remarquable par sa
précision ; 2°. Un traité des Maladies chirurgicales et des opérations qui leur conviennent : exactitude, exposé des méthodes thé-
rapeutiques, observations intéressantes, tout en fait un excellent
livre. Entièrement pratique, ce traité est bien supérieur à ceux
qui l'ont ou précédé ou suivi, et long-temps il dispensera d'en faire
de nouveaux. C'est l'ouvrage d'un grand maître, qui s'occupe
moins de dire ce qu'on a fait avant lui que d'indiquer ce qu'il
convient de faire. Plusieurs appareils mécaniques, inventés par
M. Boyer, sont d'un usage journalier dans les hôpitaux. Ce
célèbre chirurgien était un des principaux rédacteurs du Journal
de médecine, chirurgie et pharmacie. Le Dictionnaire des
Sciences médicales contient beaucoup d'articles de lui. M. Boyer
est mort le 25 novembre 1833. (Extrait de la *Biographie des
Contemporains.*)

Dans un hôpital qui consacre un si grand nombre
de lits au traitement des maladies chirurgicales, on ne
comprend pas l'absence d'un amphithéâtre destiné aux
opérations; cependant il n'en a point existé pendant bien
long-temps, à la Charité, et c'est au milieu des salles,
dans les lits même des malades que se faisaient les opérations : on conçoit tout ce qu'une semblable pratique
avait d'affligeant, tout ce qu'elle devait avoir de cruel
pour les malheureux qui attendaient que leur tour fût
arrivé, de voir leurs compagnons palpiter sous le scal-
pel, d'être témoins de leurs douleurs, d'entendre leurs
cris de détresse, d'assister au sanglant spectacle qui
avait lieu autour d'eux.

Les opérations faites dans les salles étaient encore
suivies d'autres graves inconvéniens; les réflexions
du professeur pour les élèves étaient entendues des
malades; les élèves se pressaient les uns sur les autres
pour ne perdre aucun détail, ils empêchaient l'accès
du jour et de l'air, étouffaient en quelque sorte les
malades, gênaient l'opérateur, et devenaient pour les
malheureux qui étaient dans les lits voisins une source
d'inquiétude et d'embarras.

Dès la première année de son existence, le conseil
général fit disparaître ce que cet état avait de vicieux;
une salle fut disposée pour les opérations, de manière
à recevoir deux cents élèves placés sur des degrés en
amphithéâtre, à portée de tout voir et hors d'état de rien
gêner. La salle est de plain pied avec celle des blessés, et
le malade y est porté sans peine et sans douleur sur un
lit fait exprès. A cette première et importante amélioration en a été ajoutée, plus tard, une autre. La salle
d'opération a été pourvue d'une table mécanique dont

l'ingénieuse construction permet en tous sens des mouvemens si multipliés, que le malade est maintenu sans
effort dans les positions les plus variées, les plus convenables, et n'est soumis lui-même à aucune espèce de
déplacement. Il est désirable qu'un service semblable
soit établi à proximité des salles où sont les femmes
dans le cas d'être opérées.

La nouvelle administration s'attacha à faire entrer la
propreté dans les hôpitaux. Si la salubrité la commande,
la paresse la néglige, et la paresse est un défaut bien
général. Il faut aussi le reconnaître, avec des lits en
bois la propreté est bien difficile à maintenir. Il fut, en
conséquence, décidé que des lits en fer remplaceraient
les anciennes couchettes; et chaque année, en effet,
quelques unes de ces substitutions sont opérées.

Les malades dits *gâteux*, et cet usage existe encore
en beaucoup de lieux, étaient couchés sur la paille qu'ils
infectaient. Aujourd'hui, ils sont, comme tous les autres, sur des matelas qu'on met à l'abri de toute souil-
lure, au moyen de toiles gommées imperméables. Ce
procédé a été employé pour les *grands blessés*, pour
les opérés de la taille, pour les femmes en couche; et
il réunit à l'avantage de l'économie celui d'ajouter quelque chose au bien-être des malades.

Lorsque l'ancienne église de l'hôpital de la Charité
fut convertie en salles, pour les malades, l'établissement
était dépourvu d'un lieu convenable pour la célébration
des offices divins. Quand la proscription du culte cessa,
quand la liberté cessa d'opprimer les consciences et per-
mit de prier Dieu, on sentit la nécessité d'avoir au moins
une chapelle dans l'hôpital, et on plaça un autel dans le
vestibule qui donnait accès aux trois salles de la Vierge,.

de Saint-Louis et de Saint-Augustin. Ce vestibule avait
déjà servi d'oratoire avant la révolution, et c'est sans
doute ce qui le désigna au choix des administrateurs. Le
choix n'était pas heureux, car la chapelle était une espèce de passage; il nous semble, en outre, inconve-
nant de célébrer la messe au milieu de gens qui dor-
ment, qui toussent, qui sont sujets à tant de besoins (1);
de chanter, enfin, l'office des morts au milieu de mo-
ribonds, à qui l'on semble annoncer que le même sort
les attend prochainement. Cette disposition était bles-
sante et cruelle; elle n'a disparu cependant que depuis
quelques années, et ce n'est pas sans regret que quelques personnes, dont la piété nous paraît plus vive
qu'éclairée, ont pensé que c'était une fâcheuse destruction. Le même arrangement existe encore dans
quelques hôpitaux, et nous avouerons franchement
que nous le verrions changer avec joie, tant pour le
bien des malades que par respect pour la religion elle-
même, que, suivant nous, on expose ainsi à une sorte
de profanation.

L'hôpital de la Charité ne présentait rien, dans ce
qu'on appelle les services généraux, qui fût digne
d'être imité, avant que l'administration ne passât aux
mains du conseil général.

La pharmacie n'était en rien remarquable.

-----

(1) C'était un crime chez les anciens de cracher, de se mou-
cher, etc., dans les temples. Il y avait là exagération, peut-
être; n'y en a-t-il pas de nos jours dans un sens inverse, et
sommes-nous assez respectueux? L'on est obligé, dans plusieurs
églises de Paris, d'afficher à ce sujet des recommandations dont
la nécessité a quelque chose de bien étrange.

Les bains étaient insuffisans.

La lingerie était ordinaire.

La salle des morts était mal placée.

Le promenoir était enfoncé, privé d'air et de soleil.

Les *offices* étaient dans les salles, ainsi qu'on le voit encore dans plusieurs salles de l'Hôtel-Dieu, où les localités ne permettent pas qu'on puisse les placer ailleurs.

Les latrines seules étaient fort bien disposées. Un corps de bâtiment en saillie avait été construit (1800) exprès pour les recevoir, et au moyen d'un petit couloir, les malades y pouvaient arriver sans être atteints par le froid. Ces latrines sont parfaitement aérées, et leur mauvaise odeur est neutralisée par des cheminées percées de la fosse au-dessus des toits, suivant le système de M. Darcet. Un aqueduc conduit à la rivière toutes les immondices, ainsi que les eaux pluviales et celles des bains, qui entretiennent dans cet aqueduc une constante propreté (1).

Le chauffage, jusqu'en 1820, était opéré au moyen de poëles. Un chauffage à la vapeur vint le remplacer à cette époque dans une partie de l'hôpital, et on es-

---

(1) L'Hôtel-Dieu, sous ce rapport, est encore mieux partagé. La rivière sur laquelle les latrines sont construites, reçoit et emporte immédiatement les matières. C'est très bien pour l'hôpital, mais nous nous demandons s'il en est de même pour la rivière dont tout Paris boit les eaux. Nous savons que M. Girard, dans son ouvrage intitulé : *Simple exposé de l'état actuel des Eaux publiques de Paris* (1831), annonce, d'après MM. Thénard et Hallé, qu'il n'existe point de différence sensible entre la pureté des eaux de la Seine, suivant qu'elles sont puisées au-dessus ou au-dessous de Paris.

pérait pouvoir étendre ce système dans tout l'établissement; cela n'a pas été possible, on a dû renoncer à ce
changement et en revenir aux poëles.

Considéré d'une manière générale, le chauffage par
la vapeur présente certainement des avantages : ainsi il
n'exige qu'un seul foyer, il diminue ou réduit à rien
les chances d'incendie, et c'est un point capital; il
chauffe plus uniformément, sans odeur et sans fumée,
voilà ses avantages, et ils sont grands.

Mais à côté de ces avantages que de résultats con-
traires! la chaleur produite par ce système est une
chaleur sèche qui suffoque : on peut, il est vrai, y
remédier; ensuite, disparaissent par ce procédé les
utiles courans d'air qu'entretiennent les cheminées
et les poëles. Ce qui est plus grave, c'est que le
moindre accident qui survient à l'appareil générateur
compromet, suspend tout chauffage; c'est que les ac-
cidens qui surviennent aux récipiens de vapeur, plongent les localités qu'ils sont destinés à chauffer dans un
nuage de vapeur égal aux plus épais brouillards. Tout
cela est arrivé malheureusement à la Charité, et l'in-
certitude, les inconvéniens du système ont porté l'administration à y renoncer.

Sans doute, on peut prévenir les fâcheux effets que
nous venons d'énumérer, en ayant une double chau-
dière, de doubles tuyaux conducteurs, de doubles récipiens même; mais tout cela ne peut être fait qu'à
grands frais, et nous pensons qu'il faut attendre pour
adopter ce moyen de chauffage, dans les hôpitaux, que
plus d'expériences soient faites en d'autres lieux et avec
d'autres deniers que ceux des pauvres.

L'hôpital de la Charité, si recommandable par les

qualités qu'il puisait dans l'institution des frères, dans la haute distinction des hommes qui en dirigèrent le service de santé, un peu aussi dans ce fait bien important de pouvoir offrir un lit à chaque malade, fut l'objet d'une prédilection que rendaient plus puissante encore les résultats de toutes ces conditions. La mortalité y était moindre de moitié qu'à l'Hôtel-Dieu.

L'Hôtel-Dieu perdait le quart de ses malades; c'est un fait sans contestation. La mortalité de la Charité a été diversement appréciée. Quelques personnes l'ont fait monter à 1 mort sur 9 malades : le chevalier Petit, en 1678, Charlemagne, en 1737, à 1 sur 8; les commissaires de l'Académie, à 1 sur 7 et demi; quels observateurs se sont trompés? Quoi qu'il en soit, toujours est-il qu'elle était, d'après les plus défavorables calculs, d'à peu près moitié de celle de l'Hôtel-Dieu. Ici, on perdait le quart des personnes qui étaient reçues; à la Charité, c'était le huitième. Cette funeste disproportion trouvait son explication naturelle dans le régime des deux maisons, et l'on a vu plus haut quel était celui de l'Hôtel-Dieu; dans la nature (1) des maladies qu'on y traitait en partie, et l'on a vu que l'Hôtel-Dieu était une sorte d'abîme, de chaos où toutes les maladies étaient confondues.

Depuis que les hôpitaux sont soumis à une règle gé-

_____

(1) Les frères de la Charité, dit M. de Chamousset, se défendaient de toute différence. Ils prétendaient que les maladies qu'ils recevaient n'étaient pas moins graves que celles qu'on traitait à l'Hôtel-Dieu. En admettant que l'Hôtel-Dieu fût sous ce rapport dans des conditions moins favorables, l'influence de cette cause d'inégalité entre les deux maisons ne pourrait pas être bien considérable.

nérale, une sorte d'équilibre s'est établi entre eux sous
ce rapport, et s'il existe encore quelques différences,
elles tiennent à la nature, à la gravité des maux qu'on
y traite, plutôt qu'aux dispositions de salubrité qui
sont les mêmes partout.

Après avoir tracé cette esquisse, nous croyons devoir terminer par un exposé rapide de la situation actuelle de l'hôpital de la Charité.

L'entrée, comme nous l'avons déjà dit, a été reportée
dans la rue Jacob. Elle est là bien plus convenablement
que dans la rue des Saints-Pères où elle a été jusqu'en
1820. Le peu de largeur de cette rue, sa pente rapide
rendaient l'accès de l'hôpital difficile, fatigant, dangereux pour les pauvres malades, et ces vices ont disparu par les changemens qu'a opérés le conseil.

L'hôpital aujourd'hui est divisé en 17 salles, 9 sont
consacrées aux hommes (1), 8 aux femmes. Ces salles
ont été construites, celles de Saint-Louis, de la Vierge,
de Saint-Raphaël, de Saint-Jean, dès l'origine de l'établissement; celles de Saint-Michel, de Saint-Augustin,
en 1758; celles de Sainte-Marthe, de Sainte-Catherine,
de Saint-Lazare, en 1803; celle de Saint-Joseph, en

---

(1) Le service des hommes en a perdu une, celle de Saint-
Raphaël, qui longeait la rue des Saints-Pères et qui a été démolie en 1829. Cette salle, comme la salle saint-Jean, qui lui
était contiguë et qui existe encore, était très mal placée. Le
bruit d'une rue aussi passagère que celle des Saints-Pères est
fort incommode pour les malades, dont les lits sont en outre
ébranlés par le roulement des voitures. C'est un inconvénient
grave, et nous en ferons sentir les conséquences en écrivant l'histoire d'un autre hôpital où elles sont infiniment plus sensibles
que dans celui qui nous occupe.

1818; celle de Sainte-Rose, en 1823; enfin celle de
Saint-Vincent en 1824, les trois petites salles de Saint-
Jéan-de-Dieu, ainsi que les deux salles supérieures qui
sont habitées par des femmes, lors de la création de la
Clinique.

Quatre sont affectées à la chirurgie;

Treize à la médecine;

Cinq sont occupées par la Clinique.

La hauteur des salles est suffisante; trop de lits
seulement se trouvent dans quelques unes. La quantité
d'air à respirer, par individu, varie depuis cinq toises
et demie jusqu'à dix toises et demie. Les salles construites récemment, Saint-Vincent, Sainte-Marthe, ont
un cube de huit toises et plus, par individu. D'après
Lavoisier et Tenon, huit toises au moins sont nécessaires à chaque malade; quand cette quantité n'est pas
atteinte on s'en aperçoit aisément, et nous croyons
qu'il n'y a qu'à gagner à la dépasser (1).

---

(1) Cette question a été toujours mal posée et peu comprise;
on la croit simple, et elle est complexe. Il ne suffit pas, en
effet, de placer un malade dans un vaste espace, pour qu'il y
soit sainement; car si cet espace est hermétiquement clos, l'individu périra lorsque l'air respirable sera consommé, c'est-à-
dire lorsque la respiration aura modifié les élémens qui le composent, en aura changé les proportions. L'espace ne ferait donc
rien s'il n'était combiné avec la ventilation, avec le renouvellement de l'air. Car, quelque grand que fût cet espace, tôt ou tard
l'air en serait altéré, si toute communication avec le dehors était
absolument interdite. Le cube d'air qu'il est nécessaire d'attribuer
par individu dans les hôpitaux, doit donc être calculé sur les
données de la consommation et du renouvellement. Ce cube pourrait être très peu considérable si le renouvellement l'était beaucoup; ainsi un espace de quelques pieds suffirait si l'on établis-

L'hôpital renferme deux promenoirs; on les a formés du jardin des frères de la Charité, et il est regrettable qu'on soit dans l'impossibilité de leur donner plus d'étendue. Un de ces jardins est destiné aux femmes, l'autre aux hommes.

Une chapelle a été établie dans les bâtimens de la Clinique; elle devrait être plus grande, plus à portée des malades, moins froide, moins humide, c'est-à-dire qu'il faudrait en construire une autre ailleurs.

---

sait un courant qui rendît à l'air la pureté que lui aurait enlevée la respiration. Mais comme, d'un autre côté, l'impression de l'air est pénible et même dangereuse pour les malades, il faut en ménager l'arrivée dans les localités qu'ils habitent, et c'est là que commence la difficulté. Pour éviter les inconvéniens graves de la brusque introduction de l'air dans les salles des hôpitaux, en ne comptant pour son renouvellement que sur l'ouverture des croisées, répétée quelquefois seulement en vingt-quatre heures, que sur l'accès que lui donnent les cheminées, et les poëles, et les mouvemens des portes, on a fondé le calcul qui fixe le cube d'air, par individu, à 8 toises. On voit que ce chiffre peut être abaissé ou élevé, suivant que le renouvellement de l'air est plus ou moins fréquent. Cette question nous a beaucoup occupé; elle est d'une haute importance pour la salubrité de tous les lieux où sont réunies beaucoup de personnes, et principalement pour les hôpitaux. Nous nous proposons d'en faire le sujet d'un travail particulier que nous publierons incessamment, et dans lequel nous espérons pouvoir résoudre le problème d'avoir un renouvellement d'air fort actif, dans les salles des malades, sans causer de refroidissement. Nous croyons qu'on peut arriver à ce résultat par plusieurs moyens, mais principalement par l'emploi du système que MM. Darcet et Camille Beauvais ont si heureusement appliqué à l'assainissement des magnanières, où l'air peut être constamment renouvelé et maintenu à volonté à telle ou telle température.

Les bains ont été disposés avec intelligence ; ils se composaient d'un double service pour les hommes et pour les femmes ; ils renfermaient une étuve à la vapeur, mais ils n'avaient pas de douches, c'était une lacune. Un plus grand défaut existait, quant au choix du local où ils se trouvaient placés : ils sont au rez-de-chaussée d'un des principaux bâtimens, dont ils compromettent la solidité, et qu'ils finiraient par détruire, s'ils ne devaient être très prochainement déplacés. Une salle nouvelle se construit en ce moment pour cet usage ; elle répondra mieux aux besoins sous tous les rapports (1).

La pharmacie est un modèle en tout genre ; mais

---

(1) Ce service, qui joue un rôle si important dans la médecine, sera aussi complet que possible. Sa distribution est parfaitement entendue : il est placé sous une construction légère, au-dessus de laquelle rien n'est élevé ; il est éloigné des bâtimens principaux, et cependant on peut y arriver à couvert de tous les points de la maison. Il donne sur une des rues qui entourent l'établissement, de façon qu'il satisfait en tout point à sa double destination, de servir pour les malades du dehors qui viennent seulement aux consultations, et pour ceux de l'intérieur. La salle forme un carré long de 32 mètres dans sa plus grande dimension, et de 7 mètres 10 centimètres dans sa largeur. Au centre se trouve l'entrée, et au point milieu est construit un double bain de vapeur que précède un vestibule ou pièce d'attente. A droite et à gauche, sur le côté opposé, sont placées des boîtes fumigatoires. Sur les deux aîles sont les deux salles qui contiennent chacune 14 baignoires. Toutes sortes de bains y seront administrés : bains simples, alcalins, sulfureux, etc. Les baignoires seront en bois ; l'eau y sera conduite par des tuyaux en fonte fort ingénieusement disposés ; l'écoulement s'opérera au moyen d'une gargouille qui règne entre les deux rangs de baignoires. Les douches seront placées à une des extrémités de la

elle a le tort, ainsi que les bains, d'être sous un grand bâtiment, et comme ce service exige aussi de grands et fréquens lavages, les constructions s'en trouveront certainement bientôt dégradées.

La cuisine est aussi au rez-de-chaussée, sous les salles des malades; elle ne laisse rien à désirer dans ses détails, et le service s'y fait au moyen d'un fourneau économique dont la dépense, pour 500 malades ou serviteurs, s'élève seulement à quelques francs chaque jour (1). Ce service est entouré de tous les accessoires nécessaires, tels que dépense, magasins, boucherie, etc.

La lingerie est trop resserrée, elle est mal aérée; une autre doit être construite (2).

---

construction, à l'autre se trouvera un appareil pour le chauffage de l'eau.

Une seule chose est encore désirable dans ce service. Le sol en est dallé, et bien qu'on fasse aux malades des recommandations que leur intérêt devrait prévenir et rendre inutiles, ils posent les pieds nuds sur le sol en sortant du bain. Le seul moyen d'obvier aux fâcheux effets que cet état de choses occasionne serait de placer un parquet dans toutes les salles, ainsi que cela a été fait déjà à l'Hôtel-Dieu. Ce serait une dépense nouvelle, mais aussi une bien grande amélioration.

Indépendamment du service des bains, on baigne dans les salles, au pied même de leur lit, les malades, quand leur état ne permet pas de les transporter.

(1) Ce fourneau consume 2 hectolitres de houille par jour, et 1 stère de bois par mois pour l'allumage.

(2) Une lingerie bien disposée doit renfermer, 1°. Un vaste espace où l'air frappe le linge de toutes parts. Pour cet effet, les casiers seront établis au milieu de la salle, et non appuyés contre les murailles comme on le fait trop souvent; 2°. Une

Les dissections ont disparu des hôpitaux ; une salle d'autopsie a été construite, ainsi qu'une salle des morts, sur les points les plus éloignés des salles, mais encore trop près des malades, qui aperçoivent ces funèbres services du promenoir. Les localités ne permettaient pas une meilleure disposition.

Les bureaux ont été placés le plus près possible de la porte d'entrée, de sorte que les personnes que des affaires y appellent n'entrent que dans la première enceinte de l'établissement.

Plus près de l'entrée encore est placée une salle de consultation pour les malades qui n'ont besoin que des secours de la science, et de légers pansemens. Des bains sont donnés à ceux des consultans qui en ont besoin. Ce service, qui existait du temps des frères, et qui dans un autre hôpital, l'hôpital Saint-Louis, dont nous publierons dans peu l'histoire, a reçu des développemens tels qu'on peut le regarder comme une invention nouvelle, pourrait être considérablement agrandi à la Charité, et produire beaucoup de bien. Quel secours, en effet, est plus utile que celui qui laisse le pauvre à son domicile, qui ne le sépare pas de sa famille, qui n'ajoute pas une affection morale à son mal physique, qui ne l'arrache pas à ses travaux, qui lui évite l'entrée de l'hôpital ? Dans tous les établissemens, ce genre d'assistance devrait être organisé sur une vaste échelle. De tous c'est le préférable, car il réunit toutes les conditions pour un bon secours. Par lui le pauvre reçoit tout ce qu'il lui faut, rien de superflu n'est accordé :

---

grande pièce pour la réception et la distribution du linge ; 3°. Une salle pour le repassage ; 4°. Enfin, un grand ouvroir.

ainsi, économie et moralité ; bien pour la famille et pour le malade lui-même. Quels résultats plus satisfai-sans peut-on souhaiter?

Une maison a été disposée ici pour le logement des sœurs, qui sont ainsi totalement séparées des salles, où les conduit toutefois une galerie couverte et vitrée; pendant long-temps elles ont occupé des chambres placées au-dessus des salles des malades. C'est là que les frères de la Charité étaient eux-mêmes logés. Leur habitation se composait du deuxième étage de l'hôpital; maintenant encore, les gens de service oc-cupent ce qui formait autrefois le grenier. Cette dis-position est mauvaise. D'abord quelque paisibles que soient les personnes bien portantes, le mouvement iné-vitable qu'elles font doit incommoder les malades; ensuite, une habitation au-dessus des salles, au centre de l'hôpital, établit nécessairement des communications peu convenables entre les serviteurs et les pauvres; enfin de telles habitations sont peu saines, et l'on doit au moins placer sainement des personnes qui toute la journée se trouvent au milieu de toutes sortes d'éma-nations désagréables, insalubres; de ces considérations résulte pour nous la nécessité de placer dans des bâti-mens isolés des salles des malades, toutes les personnes valides attachées aux hôpitaux. C'est ainsi, nous le répétons, que sont aujourd'hui les sœurs, et qu'il serait désirable que fussent aussi les gens de service.

L'hôpital de la Charité est aujourd'hui suffisamment grand : il renferme 420 lits; on peut au besoin en porter le nombre jusqu'à 500, en plaçant dans les salles des lits supplémentaires, comme on le fait en cas de besoin; plus vaste, ayant une population plus considérable, la surveillance en deviendrait difficile, et les soins répartis sur trop de personnes seraient moins fréquens, plus précipités, moins attentifs, perdraient certainement ce qu'ils ont de plus précieux pour des malades.

Les petits hôpitaux coûtent plus cher que les grands, mais les malades y sont infiniment mieux ; là préférence dont ils sont l'objet le dénote assez. Dans un établissement restreint à des limites modérées, chaque pauvre est connu des médecins, des sœurs, du directeur même ; et il s'établit là des relations d'intérêt, de bienveillance, plus étroites que dans une maison où les devoirs trop nombreux divisent, éparpillent l'attention et ne peuvent être remplis que superficiellement. Les détails sont négligés, ils échappent nécessairement dans un trop grand établissement, et les soins que les pauvres réclament dans un hôpital sont tous de détail. Suivant nous, un hôpital dans de bonnes proportions ne doit pas contenir plus de 300 lits, et cette limite est déjà dépassée à la Charité (1).

_____

(1) En disant qu'un hôpital peut sans inconvénient renfermer jusqu'à 300 lits, nous faisons une large concession à ce qui existe aujourd'hui, et nous ne dissimulons pas que s'il s'agissait de discuter l'établissement d'un hôpital en principe, nous trouverions le nombre de 300 malades déjà excessif. Les inconvéniens des grands hôpitaux se trouvent jusqu'à un certain point dans un hôpital qui réunit une telle population. Sans conclure toutefois des vices inhérens à un grand hôpital, ainsi que le fait l'auteur du TRAITÉ DE LA POPULATION EN FRANCE, « *qu'un hôpi-* « *tal qui contient* 100 *lits est une peste publique,* » nous dirons qu'il est désirable qu'on demeure le plus près possible de ce nombre; qu'on n'agglomère point, au moins, plus de 300 malades dans une même maison ; enfin, que si l'on va jusqu'à ce

Parmi les principales améliorations que cet hôpital réclame, nous indiquerons :

1°. La construction d'un bâtiment placé à l'entrée, et où seraient logés les employés de toute classe dont la présence continuelle est nécessaire dans l'établissement; nous comprenons dans ce nombre MM. les aumôniers et les élèves. Logés comme aujourd'hui au centre de la maison, pour ainsi dire, ils sont soumis à des mesures gênantes mais nécessaires, et leur voisinage des salles a, d'un autre côté, des inconvéniens pour les malades, auxquels le repos le plus absolu, la tranquillité la plus complète sont si utiles;

2°. La construction d'une chapelle plus grande, plus convenable que celle qui existe. Cette chapelle serait fort utile; mais il faut la construire à neuf entièrement, et ne pas chercher à la placer dans les localités existantes, car aucune ne se prête aux conditions nécessaires, sous le rapport de l'étendue et de la salubrité; aucune n'est assez rapprochée des salles, et il convient que la chapelle n'en soit pas trop éloignée si l'on veut que les malades s'y puissent rendre. Pour répondre à cette dernière vue, il faut qu'elle soit placée sur un point central qui soit près de tous les services, et facilement accessible à chacun d'eux ;

3°. L'établissement d'un promenoir nouveau. Tel

---

chiffre, jamais on ne le dépasse, à moins qu'on ne puisse multiplier et isoler complétement les différens bâtimens, de façon à faire un hameau de malades, composé de plusieurs maisons ; et ainsi encore, si l'on évite les dangers de l'insalubrité, on n'en perd pas moins les avantages moraux que les pauvres trouvent dans un petit établissement.

qu'il est maintenant, ce service présente une fâcheuse confusion : une simple barrière le divise, et seule sépare les hommes des femmes ; de dangereuses communications s'établissent entre les malades des deux sexes ; l'oisiveté de l'hôpital les seconde, et il ne faut point que les pauvres trouvent dans ces maisons des occasions de désordre, qui malheureusement sont déjà bien assez fréquentes sans cela. L'hôpital, tel que nous le comprenons, devrait être à la fois un lieu de guérison pour les maux physiques, comme de régénération morale. Il faudrait tâcher de ramener les pauvres au bien ainsi qu'à la santé ; s'efforcer de corriger les vicieux, soutenir, diriger les faibles, empêcher de s'égarer ceux qui sont dans la bonne voie. Les circonstances qui conduisent les malheureux à l'hôpital les portent naturellement à faire un retour sur eux-mêmes ; la maladie, l'aspect de la mort disposent à de salutaires pensées, et l'on devrait saisir avec empressement tout ce qu'il y a là de favorable pour améliorer l'humanité. Les bons exemples des sœurs, des exhortations sages et mesurées, la disparition de tout ce qui peut faire naître, exciter, entretenir de mauvais penchans, tels sont les moyens à mettre en usage, et c'est ce qui nous porte à désirer que les deux sexes aient des promenoirs tellement séparés, qu'aucune relation ne puisse s'établir entr'eux ;

4°. Le parquetage successif de toutes les salles, réclamé, comme nous l'avons dit plus haut, par des motifs de salubrité, de propreté et d'économie ;

5°. L'abaissement des croisées des salles du premier étage, qui, dans l'état actuel, ne permettent de renouveler l'air que dans la partie supérieure de ces salles ;

6°. La construction d'une lingerie capable de contenir tout le linge nécessaire pour le service de l'hôpital, et qui soit pourvue de toutes les dépendances accessoires qui manquent au local trop restreint où ce service est établi aujourd'hui.

Nous considérons aussi comme une chose utile le déplacement de la pharmacie, bien qu'elle soit disposée de manière à servir de modèle; mais elle est située au rez-de-chaussée, dans un des bâtimens principaux, que finiront par ruiner les lavages fréquens auxquels doit inévitablement être soumis un tel service. Nous ajouterons que le bruit sourd des mortiers doit incommoder les malades placés au-dessus du laboratoire.

Le même motif nous fait désirer que la cuisine soit reportée sur un autre point; nous pensons en outre que les émanations qui s'échappent de ce service doivent au moins être désagréables aux malades, en supposant qu'elles n'aient rien de dangereux pour leurs organes affaiblis.

Il nous semble également bien nécessaire qu'on établisse un service pour le nettoyage des vêtemens que les pauvres déposent à leur entrée dans l'hôpital : ces vêtemens leur sont remis à leur sortie, tels qu'ils les ont déposés. Ils ne devraient leur être rendus que dans le plus complet état de propreté; nous pensons même qu'ils devraient être raccommodés. Ceci donnerait lieu à une nouvelle dépense; mais en est-il de plus convenable et de plus utile ?

Puisque nous entrons dans tous ces détails, disons encore qu'il serait bon d'avoir un local spécialement destiné au rebattage des matelas et de tous les objets de coucher. Ce travail se fait aujourd'hui généralement dans les cours, sous les fenêtres des malades, qu'un tel bruit vient nécessairement troubler, et à qui l'aspiration d'une poussière d'aussi mauvaise nature ne peut être que fort nuisible.

On ne saurait trop redire que les services généraux devraient être le plus éloignés qu'il soit possible des salles de malades, autant pour le bien de ceux-ci, qu'il faut entourer de tranquillité, que dans l'intérêt de l'ordre, qui est plus difficile à maintenir dans l'espèce de confusion qui résulte du trop grand voisinage des malades et des services. Ceux des bains, des cuisines, des pharmacies, il faut, avant tout, éviter de les placer dans des bâtimens importans et que l'on tient à conserver, parce que rien plus que l'eau ne dégrade les constructions et n'en abrége la durée. Des bains, des cuisines, des pharmacies ne peuvent être placés que dans des constructions spéciales, légères, qu'on puisse aisément renouveler et à peu de frais, parce que la nature même de leur service est une cause active de destruction (1).

Terminons : mais, auparavant, traçons en peu de

---

(1) Une grande partie des améliorations qui ont été opérées à la Charité l'ont été sous l'administration de M. Péligot, auquel nous avons succédé en 1828. Nous aurons occasion de faire une observation semblable en nous occupant des autres maisons que cet administrateur a dirigées avec fermeté, avec talent pendant beaucoup d'années.

Actif, laborieux, profondément intelligent, M. Péligot a rendu à l'administration d'incontestables services.

L'hôpital de la Charité a été, depuis 1807 jusqu'en 1834, placé sous la haute surveillance de M. le baron Séguier, premier président de la Cour royale de Paris et membre du conseil

lignes le tableau de l'admission, du séjour, de la sortie d'un malade de l'hôpital.

On y est reçu avec un bulletin délivré par les médecins du bureau central, où plusieurs d'entr'eux sont toute la journée de garde pour examiner les malades qui se présentent, et les diriger, suivant la nature de leurs maux, dans les hôpitaux convenables.

Dans les cas urgens et graves, la réception se fait sans délai à l'hôpital même, soit par les médecins, soit par les élèves de service.

Dès que le malade est admis, il est conduit dans les salles, après enregistrement de ses nom, prénoms, âge, qualités, état civil et demeure.

Lorsque les circonstances l'exigent, cet interrogatoire s'opère au lit même du malade. Arrivé dans la salle, le malade est reçu par les sœurs. Inventaire est fait de ses effets, et l'habillement de la maison lui est donné. Si quelques soins pressans sont nécessaires, et qu'ils soient de peu d'importance, l'élève qui a reçu le malade peut les prescrire ; si l'état du malade est grave, les médecins de l'hôpital sont appelés (1).

Chaque jour, deux visites sont faites par eux, l'une le matin de bonne heure, l'autre vers la fin de la journée.

Les soins que réclament les malades sont administrés sous la surveillance des sœurs, dont la touchante sollicitude est pour tous ceux qui les ont vues dans leurs

---

général des hôpitaux. A cette époque, M. le comte de Tascher l'a remplacé dans ce bienveillant patronage.

(1) Voir, pour le détail, le réglement sur le service de santé, publié par l'Administration des Hospices de Paris.

pieux travaux, au sein de leur adoptive et pauvre famille, un sujet de vénération.

Les secours spirituels n'ont pas été oubliés ; deux aumôniers demeurent dans l'hôpital ; ils disent chaque jour la messe ; chaque jour ils visitent les salles, y répandent des consolations, et se rendent auprès des malades qui ont besoin de leur ministère.

Lorsque la maladie a cédé aux efforts de l'art, lorsque le malade a repris un peu ses forces, le médecin détermine le jour où sa sortie doit avoir lieu ; ses hardes lui sont alors rendues. Il faut quitter l'hôpital ; on est tenté de s'écrier : « Heureux moment ! » Bien souvent il est fort triste. Que va devenir en effet le malheureux qui, rendu à la santé, aurait besoin d'un régime substantiel, et auquel la maladie a enlevé toutes ses ressources, qui rentre chez lui dépourvu de tout, qui n'a pas encore recouvré la vigueur nécessaire pour reprendre ses travaux ? S'il a une famille il vient ajouter à ses charges, et pendant son absence, privée du gain journalier de son chef, celle-ci a consumé les épargnes que, dans des jours moins adverses, l'économie, les privations même avaient amassées. Heureux encore lorsque le Mont-de-Piété n'est pas devenu le confident de sa détresse ! S'il vit dans le veuvage ou le célibat, seul, faible, assailli de besoins, à qui donc aura-t-il recours ?

Cette déplorable situation remplirait d'effroi l'âme la plus ferme ; qu'il est triste de le dire, elle a pourtant échappé long-temps à l'œil de la bienfaisance, et le dénûment et la misère hideuse, assis sur le seuil de l'hôpital, attendaient comme une proie l'infortuné qui en sortait. La mort eût-elle été plus cruelle ? Une femme est venue que tant de malheurs ont touchée. Elle y a cherché un remède, et pour compléter l'œuvre de Marie de Médicis, un hôpital destiné aux convalescens a été créé par ses soins. C'est en 1542, que Angélique Faure, femme de Claude de Bullion (1), surintendant des finances, fonda cette institution, qui ne renferma d'abord que 8 lits; mais bientôt le précieux exemple de cette dame fut imité, et leur nombre fut porté à 12.

Cette maison n'existe plus. Une autre œuvre l'a remplacée. Les généreuses dispositions de M. de Monthyon sont venues, sur un plan plus vaste, satisfaire

---

(1) Claude de Bullion fut employé à des négociations, à des affaires importantes, se montra l'un des ministres les plus habiles de son siècle, et l'un des hommes les plus généreux, suivant le *Dictionnaire historique* de Chaudon et Delandine. Que fit-il pour mériter ce dernier éloge ? S'il ne repose que sur l'exemple que l'on cite, nous dirions, nous, que ce ministre si distingué par ses talens et par la modération de son caractère, se signala aussi par des prodigalités déplorables. Le lecteur en jugera. Voici ce que l'on rapporte : M. de Bullion ayant fait frapper, en 1640, les premiers louis qui aient paru en France, imagina de donner un dîner à cinq de ses *courtisans,* et il fit servir au dessert trois bassins pleins des nouvelles espèces. Il dit à ses convives d'en prendre tant qu'ils voudraient; chacun se jeta avidement sur ce fruit nouveau, en remplit ses poches, et s'enfuit avec sa proie sans attendre son carrosse.

Quelle cupidité et quelle bizarrerie ! Cependant, malgré de tels exemples, peut-être même à cause de ces travers qu'elle voulut sans doute couvrir d'un voile, la vertueuse femme du surintendant donnait à ses richesses le seul emploi qu'elles puissent recevoir de la part des gens de bien, de la part des sages qui en connaissent le néant, même le danger, lorsque la charité ne les vient pas consacrer dans les mains de ceux sur qui la Providence les accumule.

au besoin qui avait frappé madame de Bullion, qui avait vivement éveillé ses sympathies.

En sortant des hôpitaux, chaque malade, sans distinction, reçoit un premier secours. Un second plus important est accordé, s'il y a lieu, après information sur son état. S'il est étranger à Paris, les moyens de se rendre dans sa famille lui sont donnés (1).

Ainsi la charité a marché avec le temps, moins vite que lui toutefois. Ses premiers pas seuls ont été rapides. Jusqu'à nous, cependant, quoiqu'elle eût pu faire plus de progrès, elle s'est montrée de plus en plus prévoyante; et une Reine, un pauvre soldat, une femme opulente, un riche particulier se sont rencontrés, à des époques bien différentes et bien éloignées, dans un même sentiment, dans une généreuse et même intention de bien pour l'humanité. Les trois derniers ont quitté la vie, comblés de bénédictions, avec la joie

---

(1) Quoique les secours distribués pour l'exécution du legs Monthyon soient souvent utiles, il est à craindre qu'ils ne soient fréquemment aussi dangereux, funestes. Mettre de l'argent aux mains de malades dont la privation a excité les désirs, n'est-ce pas les exposer à en faire un pernicieux usage? Ce qui répondrait le mieux à la touchante pensée de M. de Monthyon, ce serait d'ouvrir un hôpital spécial pour les convalescens. Hors de là, à quelque combinaison que l'on recoure, son immense bienfait ne sera qu'un appât pour attirer les pauvres à l'hôpital. L'expérience de plusieurs années ne permet à cet égard aucun doute. Le renouvellement de la maison fondée par madame de Bullion nous semble préférable à tout, et l'heureux essai fait à la maison de convalescence de Saint-Cloud, par M. Desportes et nous, assure qu'on obtiendrait de bons résultats en créant un établissement de même nature.

douce et pure que versent au cœur les bonnes actions.
La veuve d'Henri IV, la mère du roi de France (1), est
morte dans l'exil, dans l'abandon, et presque dans l'indigence ! Triste destinée qu'elle eût assurément évi-
tée, si, abjurant les pensées d'ambition qui troublèrent
si profondément sa vie, qui agitèrent le pays; si, ap-
préciant mieux enfin la noble place qu'elle pouvait
occuper auprès du trône, elle se fût renfermée dans
l'auguste mission de soulager le malheur, et n'eût
écouté que des inspirations charitables.

------

(1) Marie de Médicis avait en outre trois de ses filles sur le
trône : elle fut la belle-mère du roi d'Espagne, du roi d'Angleterre et du duc de Savoie. Paris doit aussi à cette reine le palais du Luxembourg, le rétablissement des aqueducs romains
qui conduisent les eaux d'Arcueil, la promenade publique
connue sous le nom de *Cours la Reine*, la manufacture des ta-
pis façon de Perse, dite la Savonnerie.

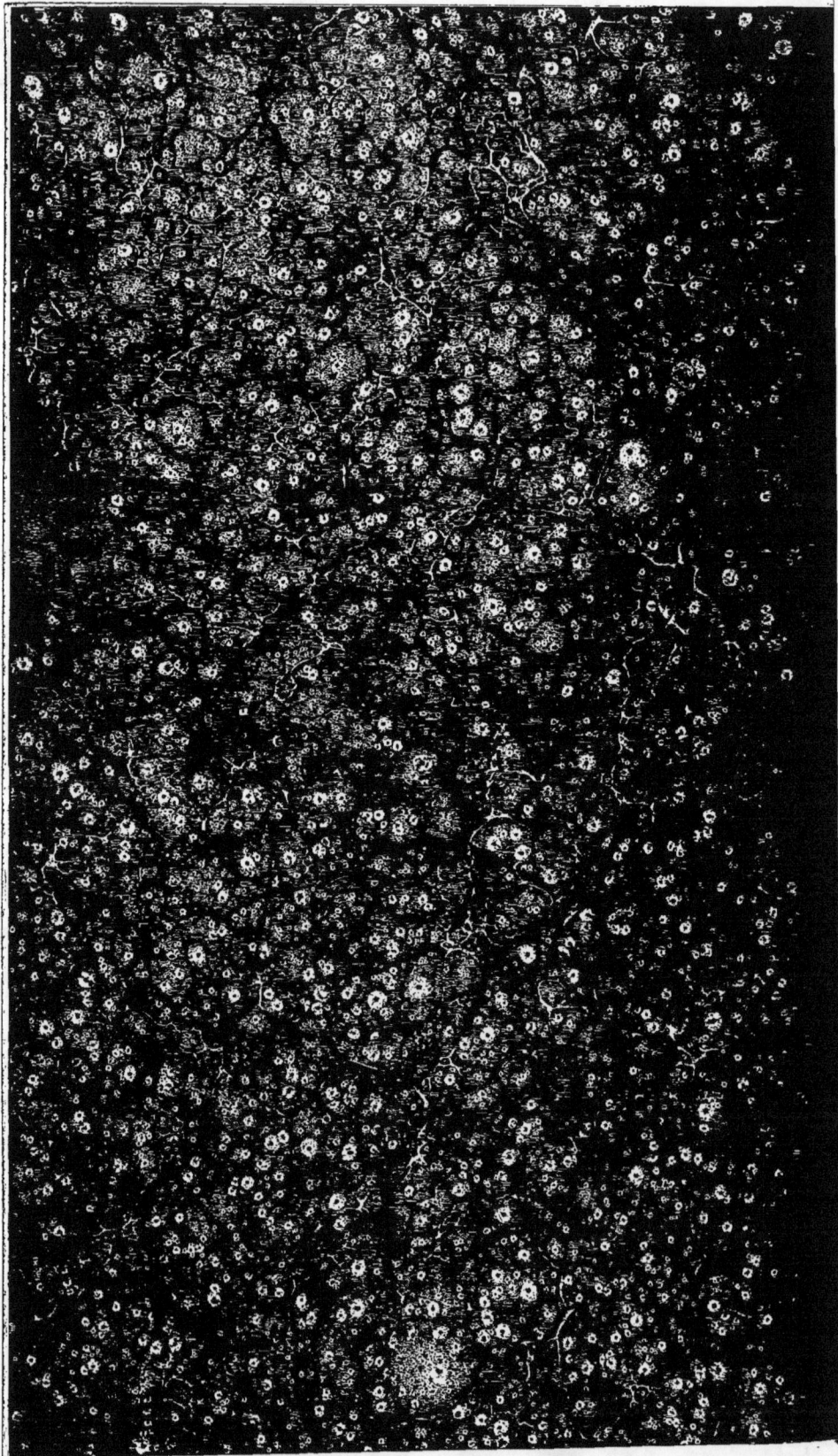

www.ingramcontent.com/pod-product-compliance
Lightning Source LLC
Chambersburg PA
CBHW070803290326
41931CB00011BA/2124